AF645060

QUERVERLAG

Aimée Duc

Sind es Frauen?

Roman über das dritte Geschlecht

Herausgegeben und mit einem Vorwort von Nisha Kommattam und Margaret Sönser Breen

Erste Auflage September 2020

Lektorat: Lara Ledwa

Umschlag und grafische Realisierung von Sergio Vitale unter Verwendung einer Fotografie „Zwei junge Damen in Nachmittagskleidern, 1915“, © Ullstein-Bilderdienst.

Gesamtherstellung: Finidr
ISBN 978-3-89656-290-6
Printed in the Czech Republic

Bitte fordern Sie unser Gesamtverzeichnis an:
Querverlag GmbH
Akazienstraße 25, 10823 Berlin
www.querverlag.de

Inhaltsverzeichnis

Ein bahnbrechender Roman einer bemerkenswerten Frau

„Sind es Frauen?" Auf diese provokative Frage, die Aimée Duc (eigentlich: Mina oder Minna Adelt-Duc) im Jahre 1901 als Titel für ihren lesbischen Liebesroman wählte, gibt es bis heute mehr als nur eine Antwort. Als eine der mutigen Wegbereiterinnen der Frauen- und Lesbenliteratur hat die geheimnisumwitterte Schriftstellerin mit diesem Roman sowohl die Frage selbst als auch ihre Antwort einer breiten LeserInnenschaft zugänglich gemacht. Obwohl ihr Buch (zu Unrecht) fast gänzlich in Vergessenheit geraten ist, sind viele der dargestellten Themen auch heute, beinahe 120 Jahre später, noch spannend und nachvollziehbar. Dieses Buch ist vieles: einer der ältesten lesbischen Romane der Welt, eine romantische Liebesgeschichte, eine charmante Skizze europäischen Weltstadtflairs um die Jahrhundertwende, ein Eindruck vom Studentinnenleben der ersten Generation von Frauen, die überhaupt an europäischen Universitäten studieren durfte, ein feministisches Manifest, ein Zeitzeugnis der gerade entstandenen modernen Sexualwissenschaften. Mina Adelt-Ducs Roman *Sind es Frauen? Roman über das dritte Geschlecht* ist all das und noch viel mehr.

Sind sie nun also Frauen, die frechen, frauenliebenden Figuren in Adelt-Ducs unterhaltsamem Roman? Spätestens seit Mitte des 19. Jahrhunderts hat es im deutschen Sprachraum viele verschiedene Bezeichnungen für sie gegeben: Sapphistinnen, Tribadinnen, Urninden, Viraginen, das dritte Geschlecht, Invertierte, Konträrsexuelle, Krafft-Ebing'sche, Freundinnen, Kesse Väter, Homosexuelle, Lesbierinnen, Lesben. Die meisten dieser Begriffe sind heutzutage hoffnungslos veraltet und längst nicht mehr im Gebrauch. Manche dieser Namen gingen wie selbstverständlich davon aus, dass die Kategorie, die sie beschreiben, auf der Geschlechtsidentität „Frau" beruht: Natürlich sind Lesben Frauen, was denn sonst? Andere hingegen, wie zum Beispiel das von Adelt-Duc im Titel verwendete „dritte Geschlecht", setzten die Existenz einer separaten Kategorie voraus, eines gänzlich andersartigen Geschöpfes, das weder „Mann" noch „Frau" im herkömmlichen Sinne war: Natürlich sind Lesben etwas ganz Eigenes, was denn sonst? Darüber hinaus sprechen wir seit den 1990er Jahren zunehmend von „queeren" Identitäten, die genau diese starren und gegenteiligen Kategorien aufbrechen, verändern und ersetzen sollen; sowohl wenn es um sexuelle Orientierungen, also jemandes Begehren geht, als auch bei Geschlechteridentitäten, nämlich als wer oder was sich jemand empfindet und definiert. Einerseits entsprechen viele der lesbischen Charaktere in diesem Roman, wie auch im wirklichen Leben, einer herkömmlichen Vorstellung von biologischen „Frauen". Andererseits spielen etliche von ihnen auch mit explizit „männlich" konnotierten Eigenschaften, mit als „maskulin" oder „burschikos" geltendem Rollenverhalten und Lebenswandel – ein Klischee, das in Namen wie „Viraginen" und „Invertierte" sichtbar gemacht wurde. Dieses Klischee führte im Gegenzug oft zu einer gewissen Unsichtbarkeit von feminin wirkenden, also rein äußerlich eher geschlechterkonformen, aber doch gleichgeschlechtlich liebenden Frauen, die im vorliegenden Roman zahlreich vertreten sind. Modernere Kategorien aus dem späteren 20. Jahrhundert, wie „butch" oder „femme", greifen hier so gut wie gar nicht, selbst das Wort „lesbisch" taucht im gesamten Roman nicht ein einziges Mal auf. Stattdessen stellt uns Adelt-Duc diese Frage nach der Legitimierung von Weiblichkeit: Wer oder was sind sie eigentlich, diese Frauen, die hier so freimütig und fortschrittlich leben?

Stolze 100 Jahre bevor „queer" im heutigen Sinne von Vielfältigkeit überhaupt möglich geworden war, bewegten sich nicht nur die Figuren in diesem Roman, sondern auch unzählige Frauen im Europa der Jahrhundertwende auf einem bis dahin größtenteils gut verborgenen, verbotenen Terrain. Durch dieses verbotene Begehren wurden viele wichtige gesellschaftliche Fragen aufgeworfen: Konnten diese Frauen denn guten Gewissens als „Frauen" bezeichnet werden, wenn sie sich doch ausdrücklich gegen so viele „weiblich" konnotierte Eigenschaften, gesellschaftliche Erwartungen und gesetzliche Vorschriften stellten? War es von irgendeinem Vorteil, wenn sie sich bewusst sowohl von „Frauen" als auch von „Männern" abgrenzten, um ihre eigene, dritte Kategorie zu bilden? War solch eine Wortschöpfung nicht eher ausgrenzend, und stabilisierte sie nicht sogar binäre Geschlechterkategorien? Oder bestand das Problem eher darin, dass ihnen zur damaligen Zeit die bunte Regenbogenvielfalt moderner Identitäten fehlte, aus denen heraus viele von uns heutzutage sichtbar sein, leben und lieben dürfen? Viele dieser Themen kommen uns, wenn wir den Roman heute lesen, natürlich sehr vertraut vor: Die Frauen- und Lesbenbewegung der 1970er und -80er

Jahre griff die obigen Fragen bewusst und kontrovers auf, und auch queere und trans-inklusive Diskurse seit den 1990er Jahren, die noch mehr Stimmenvielfalt boten, konnten sie nicht endgültig beantworten. Die zunächst etwas seltsam anmutende Frage „Sind es Frauen?" war also nicht nur um die Jahrhundertwende eine berechtigte Fragestellung, sondern kann auch heute, im 21. Jahrhundert, noch immer leidenschaftlich diskutiert werden.

Adelt-Duc und der damalige Zeitgeist

Frauen – ob sie sich nun als solche sahen oder nicht – lebten zur damaligen Zeit in großen Teilen Europas mit Nachteilen und Einschränkungen, die heutzutage hier glücklicherweise kaum noch vorstellbar sind. Seit der Mitte des 19. Jahrhunderts entwickelte sich in Deutschland (wie auch in anderen Ländern) eine immer stärker werdende Frauenbewegung, die zu großen Teilen aus Angehörigen der bürgerlichen Mittelschicht bestand und auch deren Interessen vertrat. Um die Jahrhundertwende existierten bereits Verbände, Zeitschriften und andere Publikationen, in denen Frauen das Recht auf Bildung, Berufstätigkeit und Wahlrecht einforderten, zum Teil gegen extrem große Widerstände. Einige der prominentesten Frauenrechtlerinnen der damaligen Zeit waren Louise Otto-Peters, Hedwig Dohm, Helene Lange, Minna Cauer, Franziska Tiburtius, Marie Stritt, Anita Augspurg, Lida Gustava Heymann und Anna Rüling (eigentlich Theodora „Theo“ Anna Sprüngli). Besonders Anna Rüling verdient Anerkennung, wenn man bedenkt, dass sie fast 80 Jahre vor der US-amerikanischen Feministin Adrienne Rich ihre eigenen Gedanken zu einem lesbischen Spektrum (bei Rich auch „Kontinuum“ genannt) formulierte – eine heute wenig bekannte Tatsache. Rüling beschreibt überraschenderweise „eine absolute und eine nur psychische Homosexualität [...], dass also männliche Charaktereigenschaften nicht unbedingt einen sexuellen Trieb zum eigenen Geschlecht im Gefolge haben müssen [...].“ Allerdings sollte man auch erwähnen, dass manche dieser Frauenrechtlerinnen sich in ihrer Argumentation zum Thema „angeborene“ Homosexualität gefährlich nahe an nationalistischen und „volkshygienischen“ Diskursen bewegten. Insbesondere Augspurg, Heymann und Rüling sind dafür aus der heutigen Perspektive berechtigt kritisiert worden. Zugleich dokumentiert dies jedoch auch, wie diese Vorreiterinnen der Frauenrechte auf den damaligen Zeitgeist eingingen, um rhetorisch für ihr eigenes Anliegen Unterstützung zu gewinnen – so problematisch ihre Argumente auch im Nachhinein mit unserem jetzigen Wissen über die Irrwege einer „deutschen Rassenkunde“ und Eugenik klingen. Es ist anzunehmen, dass Adelt-Duc einige dieser bemerkenswerten Frauen persönlich kannte oder sich zumindest in sehr ähnlichen Kreisen bewegte. Schließlich war sie, wie dieser Roman zeigt, nicht nur aufs Beste vertraut mit den damaligen feministischen und sexualwissenschaftlichen Argumenten. Vielleicht besuchte Mina Adelt-Duc den „Internationalen Kongress für Frauenwerke und Frauenbestrebungen“, der unter der Leitung ihrer Namensschwester Minna Cauer 1896 in Berlin stattfand, wo sie zu der Zeit hauptsächlich lebte? Vielleicht sah sie ja, als sie *Sind es Frauen?* schrieb, starke und offen lesbisch lebende Frauen wie Anita Augspurg und ihre Lebensgefährtin Lida Gustava Heymann vor ihrem geistigen Auge?

Während die damalige Frauenbewegung sich nicht offiziell für lesbische Lebensweisen aussprach – ein Phänomen, das sich leider in der sogenannten zweiten Welle der Frauenbewegung der 1970er und -80er Jahre wiederholte –, so waren doch etliche prominente Mitstreiterinnen dafür bekannt, mit Frauen zu leben. Einige sprachen das Thema auch offen in ihren Reden und Schriften an, wohingegen andere Frauen dies bewusst unterließen und es als Privatsache abtaten – sei es aus strategischen Gründen, also um Mehrheiten zu gewinnen, oder aus Angst vor negativen Konsequenzen. Damals galt es bereits als ein mutiger Akt der Selbstbehauptung, mit einer anderen Frau zusammenzuleben. Wenige besaßen den Mut oder das Privileg, wie die lesbische Sexualwissenschaftlerin Johanna Elberskirchen im Jahre 1903 selbstbewusst zu erklären: „Sind wir Frauen der Emanzipation homosexual – nun dann lasse man uns doch! Wen geht's an? Doch nur die, die es sind."

Bestärkt und gerechtfertigt wurden solche Ansichten teilweise auch durch das relativ neue Gebiet der Sexualwissenschaften, das stark von deutschen und deutschsprachigen Wissenschaftlern und Medizinern mitgeprägt wurde. Bereits 1846 erfand Karl Heinrich Ulrichs die Begriffe Uranismus für Homosexualität sowie Urning und Urninde für homosexuelle Männer und Frauen. Der Begriff Homosexualität folgte etwas später, 1868, als Wortschöpfung des österreichisch-ungarischen Journalisten Károly Mária Kertbeny. Richard von Krafft-Ebings bahnbrechendes Buch *Psychopathia Sexualis* (1886) ist das berühmteste Beispiel der damaligen Sexualforschung, dessen Ansichten sich langsam in medizinischen Fachkreisen und danach in der allgemeinen Bevölkerung durchsetzten. Doch schrieben nur Männer zu diesem Thema? Tatsächlich gab es auch bemerkenswerte Frauen wie die lesbische Johanna Elberskirchen und Emma Trosse, Letztere sogar ohne jede offizielle medizinische Ausbildung, die das weibliche Geschlecht in den Mittelpunkt ihrer provokanten Schriften rückten. Trosse veröffentlichte bereits 1895 das vermutlich weltweit erste eigenständige Pamphlet, das sich hauptsächlich mit lesbischer Liebe beschäftigte; ihr zweites Buch zwei Jahre später handelte von sogenannten Konträrsexuellen. Adelt-Ducs späterer Roman erinnert vielleicht nicht ganz zufällig an Trosses zweites Buch mit dem markanten Titel *Ein Weib?* Der Max Spohr Verlag sowie das „Jahrbuch für sexuelle Zwischenstufen" publizierten eine ganze Reihe zu dem umstrittenen Thema und nahmen damit eine Vorreiterposition ein. 1897 wurde auch von Magnus Hirschfeld das Wissenschaftlich-humanitäre Komitee (WhK) gegründet, die erste offizielle Vereinigung in der deutschen Geschichte, die sich darum bemühte, Strafgesetze gegen (männliche) Homosexualität abzuschaffen. Es sollte dann noch fast ein Jahrhundert dauern, bis der §175 tatsächlich abgeschafft wurde. Zwar wurde in vielen Ländern der Welt, die schwule Sexualpraktiken als kriminell ahndeten, lesbische Sexualität weitgehend ignoriert, jedoch gab es eine bemerkenswerte Ausnahme direkt vor der eigenen Haustür: Im Nachbarland Österreich wurden bezeichnenderweise sowohl schwule als auch lesbische Praktiken im Strafrecht ausdrücklich kriminalisiert. Die damals entstandenen wissenschaftlichen Begriffe und Konzepte verbreiteten sich im wechselseitigen Dialog auf der ganzen Welt, sowohl in anderen europäischen Ländern als auch in Nordamerika und Asien. Moderne „queer theory“ und Geschlechterforschung, wie sie heute an Universitäten gelehrt wird, wäre undenkbar ohne diese Grundlagenforschung, die damals entstand! Adelt-Duc war mit diesem Diskurs gut vertraut und arbeitete Hinweise darauf sehr bewusst in *Sind es Frauen?* ein. Insgesamt war die Zeit um die Jahrhundertwende stark geprägt von einem Gefühl des Aufbruchs, das sowohl das gesellschaftliche als auch das private Leben beeinflussen konnte. Sicher war auch Adelt-Duc von dieser vielversprechenden Stimmung erfasst, als sie *Sind es Frauen?* schrieb.

Heimliche Lesbe oder „nur“ eine Verbündete?

Was wissen wir über die Verfasserin dieses Romans? Hinter dem Pseudonym Aimée Duc verbirgt sich eine faszinierende und facettenreiche Frau namens Mina Adelt, später auch bekannt als Minna Wettstein-Adelt und Mina Adelt-Duc. Die Tatsache, dass sie unter verschiedenen Pseudonymen veröffentlichte, ihren gesetzlichen Namen mehrmals aktiv änderte und ein abenteuerliches Leben voller Ortswechsel führte, erschwert jede biografische Suche ungemein. Viele Details ihres Lebens lassen sich heute nicht mehr zweifelsfrei rekonstruieren. Durch aufwendige Archivrecherchen und Ahnenforschung haben wir hier nun zum ersten Mal zuverlässige Lebensdaten und Details zusammengetragen. Somit stellt unsere Forschungsarbeit die bis dato sowohl umfangreichste als auch detaillierteste Beschreibung ihres Lebens dar. Wir wissen heute, dass sie am 1. Mai 1867 als Hedwig Maria Mina Adelt in Breslau geboren wurde. Ihr Vater Eduard Ferdinand Wilhelm Adelt war ein ostpreußischer Postsekretär, ihre Mutter hieß Elise Duc. Mina Adelt wuchs als mittleres von drei Kindern in bürgerlichen Verhältnissen in Straßburg auf, sie wurde höchstwahrscheinlich zweisprachig Französisch und Deutsch erzogen. Während sie durchweg auf Deutsch schrieb, enthalten ihre Werke oft französische Wendungen, manchmal auch russische – vielleicht ein Erbe väterlicherseits. Es ist nirgends vermerkt, wie ihr Bildungsweg verlief, ob sie z.B. jemals Gasthörerin an einer Universität war, denn Frauen durften sich zu der Zeit nicht an deutschen Universitäten immatrikulieren. In der Schweiz hingegen durften sie es bereits. Daher macht es Sinn, dass die Handlung von *Sind es Frauen?* zum großen Teil dort spielt.

Mina Adelt ließ sich bereits 1890 in Berlin nieder, wobei sie später zwischenzeitlich auch in München und Dresden lebte. In Berlin schloss sie sich der deutschen Frauenbewegung an und fügte als sichtbares Zeichen ihrer Gesinnung den Mädchennamen ihrer Mutter, Duc, ihrem eigenen hinzu. Von 1889 bis 1896 war sie mit dem bekannten Journalisten und Universitätsdozenten Oskar Wettstein verheiratet, der einer einflussreichen Schweizer Familie entstammte. Die beiden hatten eine Tochter, Maria Marta Aimée Wettstein, die nach der Scheidung beim Vater und seiner neuen Frau aufwuchs. Es ist nichts bekannt darüber, wie Adelt-Duc diesen Verlust empfand. Im Jahr der Scheidung, 1896, begann sie den Namen Aimée als ihr Pseudonym zu verwenden. Was könnte diese symbolhafte Entscheidung bedeuten? Vermisste sie ihre Tochter? Teilte Mina auf diesem Wege ihrer Tochter mit, dass sie sich ihr zutiefst verbunden fühlte? Bestand weiterhin Kontakt zwischen den beiden, oder signalisierte diese Namenswahl Minas Trauer oder Verlust? Während dieser Ehe publizierte Adelt-Duc offenbar sowohl unter dem Pseudonym „Helvetia" als auch unter „Minna Wettstein-Adelt", so z.B. für ihre mehrmonatige Undercover-Reportage über Fabrikarbeiterinnen (*3 ½ Monate Fabrikarbeiterin*, 1893), für die sie zu Recherchezwecken inkognito unter den Frauen lebte und arbeitete. Dieses Buch etablierte sie zugleich als Schriftstellerin der Frauenbewegung. Für den lesbischen Roman *Sind es Frauen?* wählte sie den Namen Aimée und verband ihn mit dem Namen ihrer Mutter – eine sehr persönliche Wahl für ein kaum verschleierndes Pseudonym. Als sie in späteren Jahren eine zweite Ehe mit einem Mann einging, behielt sie jedoch ihren ursprünglichen, selbst kreierten Namen, Adelt-Duc. Diese zweite Ehe und die Existenz der Tochter wurden bisher nirgends in der einschlägigen Literatur erwähnt oder aufgegriffen.

Unter ihrem öffentlichen Namen, Mina Adelt-Duc, entwickelte sie sich nicht nur zu einer produktiven und vielseitig interessierten Schriftstellerin und Journalistin, sondern betätigte sich auch als Herausgeberin und Chefredakteurin von Zeitschriften, als Gründerin und als Auslandskorrespondentin. Jahrelang war sie die Herausgeberin der „Berliner Modenkorrespondenz" (1893–1900) und reiste in dieser Eigenschaft durch Südeuropa. Fragen zur Kleiderreform, die damals in der erstarkenden Frauenbewegung debattiert wurden, waren auch für Adelt-

Duc von großem Interesse: Sollten Frauen weiterhin unbequeme Korsetts tragen müssen? Durften Frauen, die sich für den neu aufkommenden Radsport interessierten, wenigstens zum Fahrradfahren Hosen tragen? Adelt-Ducs Interesse am Radsport führte unter anderem auch dazu, dass sie 1894 Vorsitzende von Berlins erstem Damen-Radfahr-Verein wurde. Prompt gründete Adelt-Duc ein dazugehöriges Magazin, „Draisena", das sich als „Organ zur Pflege und Förderung des Radfahrens der Damen" verstand. „Draisena" erschien alle 14 Tage in Dresden und Wien, bis es im Januar 1900 eingestellt wurde. Adelt-Duc war bis Ende 1899 die Chefredakteurin geblieben. In der Zeitschrift fanden sich Artikel, die den Damenradsport anpriesen, dafür geeignete Bekleidungsvorschläge machten – insbesondere wurden Beinkleidung und neumodische Büstenhalter vorgestellt –, sowie Reiseberichte von Radtouren in ganz Europa und Nordafrika. Berichte von alleinreisenden Radfahrerinnen wurden teilweise mit ansprechenden Porträtfotografien ergänzt. Spätere Ausgaben der Zeitschrift enthielten auch Informationen zu Automobilen, einer weiteren Männerdomäne. Die Themen der weiblichen Kleiderordnung und Fortbewegung machen deutlich, dass die Mobilität von Frauen Adelt-Duc stets ein wichtiges Anliegen war. Ducs journalistische Arbeiten umfassen neben der Damenmode und dem Damenradsport so vielfältige Themengebiete wie zum Beispiel die Lebenssituation der deutschen Arbeiterinnen, Eherecht, Wahlrecht, Prostitution und die Mädchenbildung. Was diesen Interessensgebieten als gemeinsamer Nenner zugrunde liegt, sind das Wohlergehen und die Förderung von Frauen und Mädchen. Durch ihr Schreiben leistete Adelt-Duc ihren Beitrag zur beständig wachsenden Frauenbewegung um die Jahrhundertwende.

Transnationale Werke Adelt-Ducs

Im Jahre 1900 reiste Adelt-Duc nach Paris, um dort den 9. Weltfriedenskongress zu besuchen. Ab diesem Zeitpunkt weisen ihr Werk und Leben eine deutlich internationalere Ausrichtung auf als zuvor. Vermutlich inspirierte die internationale Besucherschaft des Kongresses ihre Reiselust, während ihr zugleich die globalen Ausmaße der weltweiten, teilweise gut vernetzten Frauenbewegung deutlich vor Augen geführt wurden. Im darauffolgenden Jahr, 1901, reiste Adelt-Duc für eine journalistische Recherche nach England, wo sie sich mit dem dort ansässigen, deutschen, evangelischen Pastor Theodor Riebeling (1870–1959) verheiratete. Angesichts ihrer Kritik an der patriarchalen Institution der Ehe stellt sich die Frage, weshalb sie nun noch eine zweite Ehe einging. Es ist zu vermuten, dass diese Verbindung ihr den notwendigen gesellschaftlich akzeptierten und finanziellen Rahmen für die nächsten Jahre verschaffte. Beispielsweise dürfte es als Frau wesentlich einfacher gewesen sein, nicht als „Geschiedene" oder „Alleinstehende" um die Welt zu reisen. Vielleicht sollte diese zweite Ehe sogar den Verdacht aus der Welt schaffen, dass sie selber dem „dritten Geschlecht" ihres Romans angehören könnte. Es mag aber auch eine echte Nähe oder sogar Liebe zwischen ihr und Pastor Riebeling bestanden haben; eine Art kameradschaftlicher Partnerschaft, wie sie einer „Neuen Frau" zusagen würde. Interessanterweise veröffentlichte sie nur wenige Jahre nach der Eheschließung einen weiteren Roman, *Des Pastors Liebe* (1904), aus welchem eine aufmerksame LeserInnenschaft, wie in vielen ihrer Werke, autobiografische Züge oder Erklärungen herauslesen dürfte. Der Roman beschreibt das unverhoffte Aufblühen einer Romanze zwischen einer unabhängigen Frau und einem Pastor. Die weibliche Hauptfigur erinnert deutlich an Adelt-Duc. Der Roman zeigt außerdem, dass eine gleichberechtigte Liebesheirat, die der Frau die gleichen Rechte zuspricht wie dem Mann, in keinem Gegensatz zu den modernen Idealen steht, die Adelt-Duc hegte und propagierte.

Gemeinsam begannen Adelt-Duc und Riebeling eine abenteuerliche Reise um die halbe Welt. 1903 zog das Paar erst einmal nach Kairo. Adelt-Duc gründete ihr eigenes Unternehmen unter dem Namen „Asiatisch-Orientalische Industriekorrespondenz", welches ihr dank seiner zahlreichen Dependancen erlaubte, sich in bisher ungekanntem Ausmaße international zu bewegen: Die Industriekorrespondenz hatte Zweigniederlassungen in Birmingham und London (England), Damaskus (heutiges Syrien), Smyrna (heutige Türkei), Alexandria und Kairo (Ägypten), Bombay und Calcutta (Indien). Zur damaligen Zeit, als das internationale Reisen teuer, beschwerlich und somit ein Privileg der wohlhabenden Bevölkerung war, eröffneten sich Adelt-Duc somit ganz neue Welten, die sie ohne ihre Bemühungen vermutlich niemals zu Gesicht bekommen hätte. Aus heutiger Perspektive müssen aber natürlich auch die kolonialgeschichtlichen Verflechtungen kritisch hinterfragt werden. Adelt-Ducs Rolle als privilegierte, weiße Unternehmerin und Autorin, v.a. im damals britisch besetzten Indien, ist bisher noch gar nicht wissenschaftlich erschlossen worden. Ihre Aktivitäten zeugen jedoch auch von ihrer unerschöpflichen Abenteuerlust und ihrem Wissensdurst. Verschiedene deutsche Zeitschriften veröffentlichten regelmäßige Berichte aus aller Welt, die die

„Asiatisch-Orientalische Industriekorrespondenz“ in die Heimat sandte. Es ist nicht ganz klar, ob Adelt-Duc weitere MitarbeiterInnen jeweils vor Ort beschäftigte, und wenn ja, wie viele: alle Artikel sind stets mit ihren eigenen Initialen „A.D.“ unterzeichnet. Sie berichtete über geschäftliche Angelegenheiten verschiedener Branchen auf mehreren Kontinenten, jedoch nie aus deutschen Kolonien. Sie schrieb zum Beispiel über Pharmazie, Landwirtschaft und Eisenbahnverkehr, aber auch über deutsche Interessen an der Exportwirtschaft. Manche dieser Veröffentlichungen wurden in Deutschland für einen Mangel an branchenspezifischem Wissen kritisiert, wie aus Leserzuschriften deutlich wird. Ihre Artikel zum Thema Reisefotografie und die dazugehörigen Reiseberichte, vor allem aus Südasien, erfuhren offenbar eine bessere Resonanz. Wenn den Signaturen unter den Berichten Glauben zu schenken ist, hat Adelt-Duc in wenigen Jahren persönlich große Teile des Mittelmeerraums, Teile Afrikas, Vorderasiens sowie Süd- und Südostasiens bereist – eine beachtliche und ungewöhnliche Leistung für eine Frau aus der damaligen Mittelschicht.

Vermutlich um 1904 zogen Adelt-Duc und Riebeling nach Indien, wo sie über zwanzig Jahre gemeinsam lebten. Weshalb sie ausgerechnet nach Indien gingen, ist ungewiss; es schienen zuvor keinerlei persönliche Beziehungen zu dem Land zu bestehen. Was taten sie dort also für solch einen langen Zeitraum? Der Fantasie der LeserInnen von *Sind es Frauen?* sind bisher keine Grenzen gesetzt; diese Lebensphase von Adelt-Duc bleibt vorläufig geheimnisumwittert. Der Ausbruch des Ersten Weltkriegs dürfte für zwei Deutsche im britisch besetzten Indien keineswegs einfach gewesen sein. Wir wissen, dass Deutsche zur damaligen Zeit in Indien teilweise kontrolliert und in ihrer Bewegungsfreiheit eingeschränkt wurden. Zu leicht war es, in den damaligen Wirren der Kriegsjahre als feindliche Spione angeklagt zu werden; vor allem, da Adelt-Duc weit gereist war, gute Ortskenntnisse in strategisch wichtigen Ländern zu besitzen schien und über Themen wie das indische Eisenbahnnetz schrieb. 1909 veröffentlichte Adelt-Duc noch einen Reiseführer für Südindien und Burma, der ihre Vertrautheit mit dem Subkontinent belegt.

Adelt-Duc interessierte sich nicht nur für die Geografie, sondern auch für lokale Kulturen und Sitten. 1914 erschien dann eine Sammlung von Erzählungen unter dem Titel *Indische Novellen*. Während die Tatsache, dass sie ihre Reiseerfahrungen in Literatur umsetzte, nicht weiter bemerkenswert ist, handelt es sich doch um ein ungewöhnliches Buch. Aus dem britischen Kolonialreich gibt es zahlreiche literarische Werke aller Gattungen, die Leben und Sitten sowohl der örtlichen Bevölkerung als auch der dort lebenden AusländerInnen beschreiben. Oft verfasst von Kolonialbeamten, Missionaren, deren Ehefrauen oder sonstigen Angehörigen, sind diese Werke, wie auch Adelt-Ducs, stark gefiltert durch den kolonialen Blick von EuropäerInnen, die zumeist mit den jeweiligen Kulturen und regionalen Landessprachen kaum vertraut waren. Adelt-Ducs Erzählungen werfen einen kritischen Blick auf das koloniale Leben und zeugen von intensivem Engagement mit den dortigen Gegebenheiten. Was Adelt-Ducs Novellen jedoch von anderen Werken der genannten Kolonialliteratur unterscheidet, sind die von ihr präsentierten Themen: eine homosexuelle Begegnung, die nur entstehen kann, weil einer der beiden Akteure dank Crossdressing seine wahre Geschlechtsidentität verschleiert, eine weibliche Heiratsschwindlerin, die mit allen Tricks und Raffinessen den sozialen Aufstieg sucht, interethnische Beziehungen zwischen indischen und westlichen ProtagonistInnen und darüber hinaus die häufige Darstellung starker, unabhängiger Frauenfiguren, die versuchen, so selbstbestimmt wie möglich zu leben. Soweit wir heute sehen können, fand das Buch kaum Beachtung bei RezensentInnen in Deutschland, was auch am zeitnahen Ausbruch des Ersten Weltkriegs gelegen haben könnte. Jedenfalls wurde es nach den *Indischen Novellen* plötzlich verdächtig still um Adelt-Duc.

Ab diesem Zeitpunkt beginnen die Spuren Adelt-Ducs zu verschwimmen. Wir wissen, dass ihre Tochter Marta 1915 heiratete und ein Jahr nach der Geburt eines Sohnes 1918 verstarb. Hat Adelt-Duc jemals von ihrem Enkelsohn und Martas Tod erfahren? Oder ließ der Erste Weltkrieg keinerlei Kommunikation mit der alten Heimat zu? 1920 erschien in Deutschland noch ein einzelner Artikel aus Indien. Obwohl wir wissen, dass sie erst 1926 Indien verließ, um nach Deutschland zurückzukehren, gibt es nach 1914 keine einzige weitere Buchveröffentlichung dieser bis dahin kontinuierlich schreibenden Autorin. Man kann nur spekulieren, ob es an einer etwaigen Zensur durch britische Behörden gelegen haben könnte oder ob die erfinderische Schriftstellerin neue, bisher noch nicht ihr zugeschriebene Pseudonyme verwendete. Womöglich taten sich auch ganz andere Probleme, vielleicht gesundheitlicher Natur, auf. Jedenfalls kehrte das Ehepaar 1926 nach Deutschland zurück. 1930 wurde die Ehe geschieden, wobei spätere Kirchenunterlagen eindeutig „Aimée Duc, Schriftstellerin“ als Schuldige identifizieren, anstatt ihren bürgerlichen Namen zu verwenden. Dies wirft verschiedene Fragen auf: Ist die Verwendung ihres Pseudonyms, das eindeutig auf ihren lesbischen Roman verweist, vielleicht ein subtiler Hinweis auf den wahren Scheidungsgrund, den man damals nicht einfach unbedarft aktenkundig machte? Sollte dadurch Pastor Riebeling von jeder Schuld freigesprochen werden? Und welche Rolle spielte die verstörende Tatsache, dass Theodor Riebeling bereits 1932 der NSDAP beitrat, also ein Jahr vor der Machtübertragung an die Nationalsozialisten? Wollte Adelt-Duc sich von dieser politischen Gesinnung ihres Mannes distanzieren? Oder wollte sie gar ihr eigenes, unabhängiges Leben wiederaufnehmen?

Adelt-Duc war bei ihrer Rückkehr nach Deutschland 1926 bereits beinahe 60 Jahre alt. Welchen Eindruck mag die florierende lesbische Subkultur der Weimarer Republik auf sie gemacht haben? Welche Gefühle mögen in ihr aufgekommen sein in dieser lebensfrohen Ära, die wir heute als die „goldenen Zwanziger" kennen? Das Leben in der Weimarer Republik war sicherlich für viele Menschen keineswegs einfach, jedoch übertraf die Sichtbarkeit der lesbischen Kultur im Nachtleben Berlins, in der Musik-, Kabarett- und Schauspielszene, in den zahlreichen Damenklubs, Sport- und Tanzvereinen sicherlich bei Weitem alles, was Adelt-Duc aus ihrem „alten" Deutschland der Kaiserzeit in Erinnerung hatte. Aus den 1920er Jahren sind Berichte von zahlreichen lesbischen Romanen, speziellen Lesbenzeitschriften und Dutzenden von lesbischen Lokalen vor allem in der Reichshauptstadt Berlin erhalten. Auch im Bereich der Frauenrechte waren mittlerweile einige der Errungenschaften, für die sie und viele andere gekämpft hatten, verwirklicht: Frauen durften nun wählen, an Universitäten studieren (Baden war der erste deutsche Staat, der 1901 schließlich das Frauenstudium gestattete), öfter berufstätig sein und bis zu einem gewissen Grad auch miteinander leben – jedenfalls, bis die Weltwirtschaftskrise 1929 dem bunten Treiben ein jähes Ende bereitete. Weitverbreitete Armut und politische Tumulte; die Machtübertragung an Hitler; die Verfolgung von Juden, Homosexuellen, Kommunisten und anderen Minderheiten; der Zweite Weltkrieg und der Holocaust; Millionen von Opfern – wie mag die selbstbestimmte und unabhängige Frau dies alles erlebt haben? Die Spuren dieser faszinierenden und facettenreichen Persönlichkeit verlieren sich hier gegen 1930 nach ihrer Scheidung. Ihr Todesdatum und die Todesursache sind uns vorläufig unbekannt.

Es sollte nach dem Schrecken des Zweiten Weltkriegs noch mehrere Jahrzehnte dauern, bis in den 1970er Jahren in Deutschland lesbisches Leben endlich wieder sichtbar gemacht wurde – zunächst zaghaft und gegen massive gesellschaftliche Widerstände, dann jedoch mit beständig zunehmender Kraft und Vitalität grundlegende Frauen- und Lesbenrechte einfordernd. Zwar schien es durch die massive Zäsur des Krieges, als ob die lesbenpolitischen Bestrebungen alle wieder fast bei null anfangen mussten, doch konnte diese sogenannte „zweite Welle" der Frauen- und Lesbenbewegung große Erfolge verzeichnen. Adelt-Duc durfte dies alles nicht mehr miterleben. Ihr Roman aber wurde von eben jener Frauenbewegung wiederentdeckt: 1976 wurde *Sind es Frauen?* im Amazonenverlag zum ersten Mal wieder neu verlegt. Es gab ein wenig Resonanz in der Literaturwissenschaft und lesbischen Geschichtsschreibung, bevor der Roman ein weiteres Mal für Jahrzehnte in Vergessenheit geriet. Diese Neuauflage des Querverlags soll nun dazu beitragen, dass Adelt-Ducs Roman durch eine zeitgeschichtliche und lesbenpolitische Einordnung endlich einen permanenten und verdienten Platz in der (Literatur-)Geschichte einnehmen kann.

Trivialliteratur oder bahnbrechender Roman?

Warum aber ist gerade *Sind es Frauen?* von Aimée Duc es wert, heute neu verlegt zu werden? Dieser Roman war nicht der einzige, ja nicht einmal der allererste in deutscher Sprache, der lesbische Liebesbeziehungen, sogar mit glücklichem Ausgang, thematisierte. Bei seinem Erscheinen 1901 hielt sich die Begeisterung der Kritiker sehr in Grenzen: Zeitschriften erwähnten den Roman nur beiläufig und in Verbindung mit dem Buch *Das dritte Geschlecht* des berühmteren Ernst von Wolzogen; Rezensionen von Ducs Roman bemängelten Stil und Handlung, auch wenn sie dem Buch zugestanden, interessante Diskussionen zu enthalten, und die bedeutsame Rolle von homosexuellen Frauen in der Frauenbewegung hervorhoben (Letzteres mag allerdings auch als Seitenhieb gegen die Frauenbewegung gemeint gewesen sein). Selbst heute denken wir bei der Frage nach den Ursprüngen der lesbischen Literatur in Deutschland eher an die mittlerweile in den Medien vielfach wiederaufbereiteten „goldenen Zwanziger“ – nicht ganz zu Unrecht, wenn man die Vielzahl an einschlägigen Organisationen, Zeitschriften und Veranstaltungen zumindest in und um Berlin (weniger in der Provinz) betrachtet. Anna Elisabet Weirauchs Trilogie *Der Skorpion*, veröffentlicht zwischen 1919 und 1931, gilt als eines der bekanntesten Werke aus der Zeit. Maximiliane Ackers Roman *Freundinnen* (1923), eine leicht verworrene, aber anschaulich geschriebene Geschichte über lesbische Romanzen, erreichte in wenigen Jahren eine Auflage von 10.000 Exemplaren. Christa Winsloes Theaterstück „Ritter Nérestan“ (1930), auch bekannt als „Gestern und Heute“ (1931), erlangte weltweiten Ruhm durch die Verfilmung unter dem Namen „Mädchen in Uniform“ (1931). 1958 entstand dann eine abgeschwächte, sprich: weniger deutlich lesbische, Neuverfilmung mit Romy Schneider. Beide Versionen gelten auch heute noch als lesbische Filmklassiker. Lesbische Werke und Lebenszeugnisse aus dem Kaiserreich, also der Zeit vor dem Ersten Weltkrieg, sind unterdessen deutlich weniger bekannt und erforscht. Auch innerhalb dieser Werke nimmt *Sind es Frauen?*, wie wir sehen werden, eine besondere Stellung ein.

Bereits 1895 veröffentlichte eine gewisse Emilie Knopf anonym einen Roman mit dem holprigen Titel *Der Liebe Lust und Leid der Frau zur Frau*. Die aus heutiger Sicht harmlose, unfassbar kitschige Geschichte voller schwülstiger Liebesbeteuerungen und Dreiecks-Intrigen führte jedoch dazu, dass ihre Verfasserin wegen der Verbreitung „unzüchtiger“ Materialien vor Gericht gestellt und zu einer Geldstrafe verurteilt wurde. Einem Gedichtband mit dem Titel *Auf Kypros* hingegen, der (homo-)erotische Gedichte einer gewissen Baronin von

Puttkamer, unter dem Pseudonym Marie-Madeleine, enthielt, blieb 1900 ein ähnliches Schicksal erspart, vielleicht dank des hohen gesellschaftlichen Ranges der Autorin. Auch die bekannten männlichen Schriftsteller Frank Wedekind (*Erdgeist*, 1895; *Die Büchse der Pandora*, 1902) und Ernst von Wolzogen (*Das Dritte Geschlecht*, 1899) blieben trotz lesbischer Inhalte in ihren Werken weitestgehend von Sanktionen verschont. Allerdings erfuhr Wedekinds erotisches Gesamtwerk spätere Zensur, und von Wolzogens Buch troff geradezu nur so vor abfälliger, teils gehässiger Satire über die neue, moderne Frau. Von Wolzogen machte beispielsweise ganz offene satirische Anspielungen auf die prominente lesbische Frauenrechtlerin Anita Augspurg. Adelt-Ducs Roman, der nur zwei Jahre später erschien, ist in vielerlei Hinsicht eine Antwort auf von Wolzogens negative Darstellung selbstbestimmter, studierender und/oder lesbischer Frauen. *Sind es Frauen?* erschien in Berlin im Verlag R. Eckstein, der bereits für einschlägige Publikationen zum Thema bekannt war. Die Erstauflage von 10.000 Exemplaren war eine beachtliche Zahl für die damalige Zeit. Der Roman wurde bereits innerhalb von zehn Jahren neu aufgelegt. Neben *Sind es Frauen?* ist auch Valeska Hoffmans Roman *Das vierte Geschlecht* (1904) als Antwort auf von Wolzogen anzusehen, insbesondere durch seinen Titel, der Frauenhasser wie von Wolzogen, quasi als Rache, als neuartiges „viertes Geschlecht" kategorisiert. Bis zur Jahrhundertwende bedeutete „drittes Geschlecht" zumeist einfach nur „emanzipierte Frau", zum Beispiel in Elsa Asenijeffs anti-feministischem Buch *Aufruhr der Weiber oder Das Dritte Geschlecht*, das 1898 erschien. Bei Adelt-Duc hingegen sind die Frauen des „dritten Geschlechts" nur zum Teil Feministinnen, jedoch allesamt frauenliebende Frauen. Sie verwendet den Begriff also explizit für lesbische Frauen. Im Gegensatz zu dieser positiven Verwendung gab es neben den oben genannten eine ganze Reihe weiterer AutorInnen, die sehr negativ über frauenliebende Frauen schrieben. Alfred Meebold schrieb 1900 ein Buch mit dem Titel *Dr. Erna Redens Thorheit und Erkenntnis*, das, wie der Titel suggeriert, lesbische Liebe als krankhaft darstellt und somit abwertet. 1901 erschien der Roman *Zwei Frauen* von August Niemann, der lesbisches Begehren zwar mit Hilfe von von Wolzogens drittem Geschlecht und Platos Symposium zu erklären versucht, jedoch trotzdem sehr kritisch darstellt. Männliche Autoren waren jedoch nicht die einzigen, die sich um die Jahrhundertwende negativ zum Thema Frauenliebe äußerten: Elisabeth Dauthendeys Roman *Vom neuen Weibe und seiner Liebe* (1900) beschreibt und verurteilt gleichgeschlechtliche Beziehungen unter Frauen. Ella Menschs Buch *Bilderstürmer der Berliner Frauenbewegung* (1907) spricht lesbischen Frauen Führungsrollen in der Frauenbewegung ab, da Lesben für sie als passive Außenseiterinnen und Sonderlinge gelten. Auch Maria Janitscheks *Die neue Eva* (1902) warnt vor solchen Beziehungen.

Diese Art der Stigmatisierung und Pathologisierung lesbischen Begehrens ist keineswegs unüblich für literarische Werke der Jahrhundertwende und oft auch noch im späteren 20. Jahrhundert. Das Begehren zwischen zwei Frauen wird wahlweise als Verirrung, jugendliche Phase, Ersatzbeziehung oder Nervenkrankheit dargestellt. Die lesbischen Figuren werden oft in kriminelle und/oder psychologisch ungesunde Handlungszusammenhänge eingebettet. Die fiktiven Beziehungen enden oft mit dem Tod, Suizid oder sogar Mord einer oder beider Frauen, üblicherweise, um eine Art „Bestrafung“ durch das Schicksal oder Gottes Hand darzustellen. Diese Erzählstrategien finden sich häufig auch in nicht-europäischen lesbischen Literaturen, durchgängig bis zum Ende des 20. Jahrhunderts. Dies ist aber nicht der einzige Grund, weshalb diese Literatur oft keine größere Beachtung außerhalb der einschlägigen Kreise erhielt. Sowohl eine überwiegend weibliche Autorinnenschaft als auch die umstrittene Thematik führten dazu, dass die Texte selbst, ebenso wie die Figuren, die in ihnen vorkamen, stigmatisiert und abgewertet wurden. Einerseits wurden diese Werke deshalb einfach unter dem Begriff „Trivialliteratur“ zusammengefasst und dadurch von der „hohen“ Literatur abgegrenzt. Andererseits entstanden durch diese Zuordnung zu zwei gewissermaßen unabhängigen Parallelwelten aber zugleich auch relativ autonome und kreative Freiräume, in denen sich lesbische Kultur entfalten konnte. Selbst in diesem sehr kurzen Abriss der lesbischen Literatur im Kaiserreich zeigt sich, dass Adelt-Ducs Roman unter den damals erschienenen literarischen Texten, die nicht nur von Fachleuten, sondern auch von einer breiteren LeserInnenschaft zur Unterhaltung gelesen wurden, sichtbare lesbische Lebenskultur in ihrem Anfangsstadium positiv beschreibt.

Abgesehen von der positiven Darstellung weist Adelt-Ducs Roman noch eine andere Stärke auf: Moderne sexualwissenschaftliche Einsichten der Zeit werden, schlicht formuliert, wie selbstverständlich in Gespräche und Situationen eingebunden. Die medizinische Fachliteratur zeichnete nämlich ein etwas komplexeres Bild, als viele Romane es taten. Was viele heutzutage nicht wissen: Gerade deutsche Wissenschaftler und Ärzte waren maßgeblich beteiligt an der Erforschung von Homosexualitäten.

Die Beiträge weiblicher Forscherinnen und Medizinerinnen erfuhren zur damaligen Zeit leider kaum Beachtung und werden erst heutzutage „wiederentdeckt". Adelt-Duc war, obwohl selbst keine Wissenschaftlerin oder Ärztin, mit dem Diskurs offenbar bestens vertraut. Auch darum ist ihr Roman von besonderem Interesse. Sie legt ihren Hauptfiguren wiederholt Aussagen in den Mund, die gut informiert sind, der rhetorischen Selbstverteidigung dienen und dabei gleichzeitig die LeserInnenschaft mit diesen neuen Begriffen vertraut machen. Zugegebenermaßen wirken diese leidenschaftlichen, erzieherischen Monologe auf uns heute manchmal etwas langatmig oder scheinen manchmal etwas künstlich platziert. Jedoch beantworten diese belehrenden Ausschweifungen die Eingangsfrage, ob diese Frauen denn tatsächlich Frauen seien. Indem sie sich nicht einfach nur auf ihr subjektives Empfinden und ihre eigene Fantasie oder Erfahrungen verlässt, sondern ihre starken Figuren mit wissenschaftlichen Forschungsergebnissen und medizinischen Begriffen ausstattet, gewinnt Adelt-Duc gleich eine größere Glaubwürdigkeit – oder hofft es zumindest. Stellenweise liest sich der Roman, dessen Stil von schnörkelloser, direkter Sprache gekennzeichnet ist, wie ein lesbisch-feministisches Pamphlet, das direkt aus den 1970er und -80er Jahren stammen könnte statt aus der längst vergangenen Kaiserzeit. *Sind es Frauen?* ist weder besonders elegant noch poetisch geschrieben. Der Roman enthält keine stilistischen Höhenflüge, keine anzüglichen Witze oder expliziten erotischen Eskapaden. Sein Wert und seine Einzigartigkeit liegen stattdessen in einer positiven, sachverständigen und leicht zugänglichen Normalisierung lesbischer Beziehungen zur Zeit des ersten großen feministischen Umbruchs in Europa.

Wir wissen nun mittlerweile so einiges über die bedeutsame Epoche und die gesellschaftlichen Umstände, innerhalb derer sich Mina Adelt-Duc bewegte. Viele spannende Fragen zu ihrer Person und ihrem eigenen Leben, insbesondere ihrem Gefühlsleben, müssen allerdings vorläufig unbeantwortet bleiben. Auch ihre eigentliche Motivation, also wer oder was genau die Schriftstellerin eigentlich dazu bewogen hat, so einfühlsam und sachkundig über lesbische Romantik, lesbisches Drama, lesbische Sorgen und Nöte und Lebensweisen zu schreiben, muss wohl vorerst ein Geheimnis bleiben. Vielleicht war sie „nur" eine Verbündete, eine überzeugte Frauenrechtlerin, die sich mutig und selbstlos durch ihr Schreiben für das Wohlergehen ihrer Mitstreiterinnen einsetzte. Vielleicht war ihr die sexuelle Anziehung zu anderen Frauen aber auch selbst vertraut, und *Sind es Frauen?* war ihr Mittel, ihr Sprachrohr, um Gleichgesinnten Mut zu machen und sogar ein wenig Hoffnung zu geben. Es ist gut möglich, dass Mina Adelt-Duc auch selbst das heimliche Gefühl der Frauenliebe kannte, das die Dichterin Marie von Najmájer 1901, also im selben Jahr, als *Sind es Frauen?* zum ersten Mal erschien, programmatisch in ihrem Gedicht „An die Tochter des zwanzigsten Jahrhunderts" verschlüsselt ausdrückte:

„Wohl Dir! Du bist im Leben weich gebettet,
Ward zarte Frauenliebe dir zutheil.
Sie bleibt in spät'ren Tagen dir gerettet,
Nicht Schönheit nur und Tugend sind ihr Heil.
So warm und reich wie Du, so selbstvergessen –
Hier wird mit *Deinem* Maße Dir gemessen.

Mein Kind! Ist ewig fremd Dir, was ich sagte,
So lass das Unverstand'ne ruhig sein.
Doch wenn's im Herzen gleicherweis' Dir tagte,
So wisse denn: Du stehst nicht da allein!
Ich habe so gelebt und so empfunden:
Aus solchen Blüten war mein Kranz gewunden."

Nisha Kommattam und Margaret Sönser Breen

Eckstein's Moderne Bibliothek Bd. 4.

Aimé Duc

Sind es Frauen?

Anmerkungen zum Text

Der Text dieser Neuveröffentlichung folgt der Erstausgabe von 1901 (Rich. Eckstein Nachf.) und behält die Rechtschreibung und die Zeichensetzung des Originals bei, da sie den damaligen Sprachgebrauch widerspiegeln. Allerdings wurden offensichtliche Rechtschreibfehler korrigiert und die ursprünglich doppelten Anführungszeichen innerhalb wörtlicher Rede durch halbe Anführungszeichen ersetzt.

Das Kolleg war aus. Vereinzelt vorerst verliessen die Studenten das Universitätsgebäude, der grosse Schwarm hielt sich noch drinnen auf den Korridoren auf. Unter den ersten, die auf die Strasse traten, befand sich Minotschka Fernandoff, ganz entgegen ihrer sonstigen Gewohnheit. Während es sonst bei ihr Prinzip war, sich nie zu übereilen, hastete sie heute aus dem Gebäude und eilte schnellen Schrittes die Strasse hinunter. Neugierig blieb dieser oder jener stehen und sah ihr nach. Das junge Weib, kräftig und gut gebaut, mit runden Formen, sah interessant genug aus. Ein Gemisch von Burschikosem, Jugendlichem, Knabenhaftem gab der unbewussten weiblichen Koketterie und Pikanterie, die über ihrem Wesen lagen, ein eigenes Gepräge. Sie trug ein schwarzes glattes Tuchkleid in Schneiderarbeit, einen weissen Stehkragen, Herrenkravatte und breite Manschetten. Auf ihrem dichten krausen Haar sass ein nachlässig placierter runder Herrenhut aus einfachem Stroh. Die Handschuhe, dicke gelbe, waschlederne, trug sie in der linken Hand, mit dem Arm die Kollegienmappe festhaltend. Mit der Rechten stützte sie sich auf einen eleganten Spazierstock, mit grosser silberner Krücke. Das stete Tragen dies Spazierstockes hatte in der ersten Zeit ihres Aufenthaltes in der Universitätsstadt genügt, dass jedermann sich nach ihr umsah. Kein Mensch erriet den wirklichen und so einfachen Grund dieser Gewohnheit, sondern ein jeder suchte nach dunklen hässlichen Motiven. Und doch trug Minotschka den Stock lediglich deshalb, weil sie die teilweise steilen Strassen in Genf nicht mühelos erklettern konnte, und dann, weil sie im linken Fussgelenk eine zeitweise auftretende nervöse Schwäche besass.

Minotschka Fernandoff schien das Angaffen der Menge nicht zu bemerken, oder aber sie hatte sich, im Bewusstsein ihrer besonderen Persönlichkeit, längst daran gewöhnt. Hocherhobenen Hauptes sah sie immer gerade aus. Sie trat vielleicht für eine Frau zu fest und kräftig auf, aber dieser energische und doch elastische Gang passte zu der ganzen Erscheinung. Jetzt hatte sie das letzte Haus der Strasse erreicht; langsam, wie in jäher heftiger Ermüdung, stieg sie die Treppen hinauf. Sie schloss eine der Thüren auf, die am freien Treppenausgang mündeten, und trat in das Zimmer. Es war das ein absonderlicher Raum, nicht klein aber mit Möbelstücken überfüllt. Auf den ersten Blick frappierte die Unmenge in Rahmen aufgestellter Photographien, die vielen Portieren und Läufer, die zahllosen, betäubend duftenden Reseda- und Rosenbouquets. In der Mitte des Zimmers stand ein mit ovalen Couverts bedeckter Tisch, ein wenig primitiv in der Ausstattung, aber dennoch einladend und nett. Grosse Schüsseln mit zierlich belegten Brötchen, gläserne Teller mit Früchten und Radieschen, mit Käse und blutrotem Tomatensalat standen umher. Dazwischen mehrere Karaffen, gefüllt mit rotem und mit weissem Wein. Die Studentin hatte ihren Hut und ihren Spazierstock im Nebenzimmer, einem kleinen Schlafraum, abgelegt. Dann wusch sie sich die Hände, bestäubte sich mit einem penetrant duftenden Parfüm und trat an den gedeckten Tisch. Sinnend sah sie darauf nieder. Und plötzlich lachte sie laut auf und sagte: „Nein, 's ist zu toll, die also auch! Mais enfin!"

Damit ging sie mit einer Gebärde, als würfe sie etwas von sich, zu ihrem Schreibtisch, nahm eine Cigarette aus ihrem silbernen Etui, zündete sie an, und sah dann, unbeweglich auf derselben Stelle stehen bleibend, den Rauchringeln nach, wie sie durch das geöffnete Fenster zogen. Plötzlich pfiff sie die Klänge des Mimosawalzers durch die Zähne, während ein seltsam frivoles Lächeln um ihren Mund zuckte. In diesem Augenblick klopfte man an die Thüre. „Entrez!" rief sie keck. „Soyez les bienvenues!" Damit trat sie den Eintretenden entgegen. Die beiden Angekommenen sahen sich im Zimmer um. „Hm," machte die eine mit scharfem slavischen Accent, „alles zur Fütterung der Raubtiere bereit!" Und sie zeigte ihre breiten glänzend weissen Zähne. Die andere ging direkt in das Schlafzimmer, legte ab und meinte dann: „Wir hätten uns gar nicht so beeilen brauchen, es ist ja noch niemand da! Aber, macht nix, schad't nix, s'ist ja alles gleich," und sie umschlang stürmisch die Gastgeberin. Sie war ein leidlich hübsches, etwa vierundzwanzigjähriges Mädchen, zierlich gekleidet, aber etwas zu mager. Sie, Zeline Ardy, Studentin der Medizin, legte indes kein grosses Gewicht auf ihre äussere Erscheinung; ihr galt nur die Wissenschaft berücksichtigenswert. Die Gefährtin, eine Pragerin, Berta Cohn, war eine üppige, blonde Jüdin, mit ungemein gutmütigem Gesicht. Sie war noch sehr jung, siebzehn oder achtzehn Jahre alt, und niemand wusste es sich zu erklären, dass sie schon die Universität besuchte; aber sie hatte ihre Fremdenmaturität vorschriftsmässig und glänzend abgelegt. Dabei war sie grösser, kräftiger und stärker als alle die anderen, denen sie mit mütterlicher Herablassung begegnete. „Hübsch ist's bei Dir, Minotschka," wandte sie sich an die Gefährtin, „aber weisst, a bisserl eng!" „Das liebe ich aber," sagte jene abweisend. „Pass nur auf, dass Du nichts umwirfst, Du junger Bär, denn heute möchte ich Dir nicht, wie neulich bei Dreyers, immerzu zurufen ‚Buditje ostoroschne!'"

Alle lachten. Minotschka, deren Vater Russe, Tartare, und deren Mutter Französin war, war selbst in Frankreich geboren und erzogen worden und eigentlich Französin. Aber sie fühlte sich ebenso sehr als Russin, und da die Studentinnen, mit denen sie verkehrte, meist Deutsche oder Russinnen waren, so wurden alle Sprachen durcheinander gesprochen. Dabei verstand man sich vorzüglich.

Man unterhielt sich über allerlei, während man auf die anderen Eingeladenen wartete. Der lange Sommerabend neigte sich schon seinem Ende zu, als endlich alle erschienen waren und man sich zu Tisch setzte. Links neben Minotschka sass Frau Annie, eine hübsche dreissigjährige Frau, die seit zehn Jahren verheiratet war, aber mit ihrem Mann schon nach sechsmonatlicher Ehe ein Abkommen getroffen hatte, wonach er auf ihren Besitz verzichtete, sie ihm aber dafür die Hälfte ihrer Villa und eine ansehnliche monatliche Rente überliess. Er hatte eingewilligt, und so lebten diese Pseudo-Ehegatten, um des damals zu erwartenden, jetzt bald zehnjährigen Kindes willen, vor der Welt als Ehepaar weiter. Frau Annie leitete die grosse Anstalt, die sie von ihren Eltern übernommen hatte, selbstständig weiter, sie war eine geachtete, tüchtige, für die grosse Menge seltsame Frau.

Rechts sass Gräfin Marta Kinzey, eine polnische Musikstudentin, die als Millionärstochter nur „zu ihrem Vergnügen" studierte. Sie ging stark auf die dreissig zu, war nicht einmal hübsch zu nennen, aber vornehm durch und durch. Sie bewohnte eine ganze Etage in einer entzückenden Villa, und galt als Minotschkas beste Freundin. Thatsache war es, dass die beiden eine heftige Passion für einander gefasst hatten, und dass die Polin lediglich nach Genf gekommen war, weil Minotschka ihr dies im Wintersemester in Leipzig als ihren Entschluss mitgeteilt hatte.

Neben der Gräfin sass Zeline, die lustige Wienerin, dann Berta Cohn, und weiter eine französische Studentin, Fräulein Dutier, die heute zum erstenmal in diesem Kreis war. An ihrer Seite hatte ein hochaufgeschossenes, blutjunges Ding Platz genommen, bleich und blutarm, eine Deutsche, Fräulein Hagerbach, die den Spottnamen „der Backfisch“ führte. Den Kreis beschloss eine Genfer Schauspielerin zweiten Ranges, eine Berlinerin, Frieda Laube, deren Länge fast das Gardemass erreichte, und Fräulein Dr. Tatjana Kassberg, eine Klein-Russin, derzeit Volontair-Aerztin in der Gynäkologischen Station der Universitätsklinik. Sie war eine kleine nichtssagende Person mit schwarzem Tituskopf, brennenden Augen und lebhaftem Mienenspiel. Eine gewisse cynische, gesuchte Frivolität in ihrem Wesen machte sie selbst den anderen wenig sympathisch. Zudem wusste niemand etwas von ihren Privatverhältnissen, während man stillschweigend annahm, dass sie Nihilistin sei. Sie hatte auch starken Herrenverkehr, von Landsleuten allerdings nur, aber von vielen, die in keiner Weise akademische Bürger waren. Zudem war kürzlich einer ihrer besten Freunde wegen geheimnisvoller Vorgänge aus Genf ausgewiesen worden, ohne dass sie auf interessierte oder neugierige Fragen Auskunft über diesen Ausweisungsgrund gegeben hätte.

Die Unterhaltung schwieg fast vollständig. Alle assen mit dem gesunden Appetit von Menschen, die gearbeitet haben und eine regelmässige Essenszeit inne halten. Nur „der Backfisch“, die kleine Hagerbach aus Bayern, stocherte in den Brötchen herum, und hielt sich an dem sauren Tomatensalat. Die Weinkaraffen leerten sich bedenklich schnell, wenn auch die beiden Deutschen und die Polin so gut wie nichts tranken.

„Halt," schrie da plötzlich die Doktor Kassberg, und entriss der Bleichsüchtigen den Tomatensalat. „Das ist für Sie mehr als ungesund," schalt sie. „Trinken Sie lieber Wein!" Und sie schenkte ihr das Glas voll. Sie sprach ein tadellos korrektes Deutsch, im eigentümlich harten Tonfall der Russen.

Die Bayerin sah verlegen drein, und die Französin, die kein Wort verstanden hatte, guckte die Aerztin erstaunt an.

„Kinder," rief da im selben Augenblick Minotschka, „Kinder, ich muss etwas Tolles machen!"

Und ihre weiche kleine Knabenhand zerbog im Eifer der Betonung die dicke Zinkgabel. „Schenieren's Ihne net," lachte die Wienerin.

„Ja, aber etwas Tolles!" beteuerte die erstere wieder. „Etwas …" Sie sah eine Weile starr auf ihren Teller und fuhr dann ganz unmotiviert fort: „Es war doch eine Gemeinheit von Elise Fritz, eine Gemeinheit." „Ah, schaut's da 'naus," spottete die Wienerin: „'s ist wegen der, dass Du so wütig bist? Jessas, die war halt a Falschi!"

Und sie ass gemütlich weiter.

„Was soll man dann aber sagen," beharrte Minotschka, „wenn eine der unseren alles derart Lügen straft, uns selbst ins Gesicht schlägt – oh, oh!" Da legte die Gräfin ihr leicht die Hand auf den Arm: „Milaja Minotschka!" sagte sie zärtlich auf russisch, „lassen Sie das. Jeder muss wissen, was er thut, und doppelt gut, wenn wir anders sind als sie!" Sie sprachen meist russisch zusammen, und nannten sich in Gesellschaft anderer immer „Sie". Minotschka erwiderte nichts. „Gott, was ist auch dabei, dass Fräulein Fritz sich verlobte," schnarrte Dr. Tatjana. „Ich würde es auch thun, wenn es im Interesse des Berufes nötig wäre! Ich werde mir vielleicht, wenn ich einmal zu Hause eine Klinik gründe, einen Assistenzarzt anheiraten. Deshalb kann man ihn sich doch vom Leibe halten und lieben, wen man will. Heiraten und lieben ist doch zweierlei!“

„Aber die Fritz liebt ihren Bräutigam,“ erklärte die Jüdin.

„Nun ja,“ sagte die Aerztin gelangweilt, „so ist sie eben ein normales Wesen, und hat sich geirrt bis dahin. Das ist doch nichts Besonderes! Frau Annie, Sie, liebe Minotschka und ich – wir haben uns auch seiner Zeit geirrt, wenn auch im entgegengesetzten Sinn. Sie beide heirateten erst und ich, ich hatte einen Geliebten – und dann mussten wir alle erfahren, dass wir für den Mann keinen Sinn haben und zum dritten Geschlecht gehören. Bei der Fritz war's umgekehrt!“

Minotschka schwieg. Sie kam nicht gern auf ihre Ehe zu sprechen. Sie hatte als zwanzigjährige Studentin ihren Leibburschen, einen jungen Juristen, geheiratet, um sich nach drei Jahren scheiden zu lassen. Sie hatte ihren Zustand vor der Ehe nicht erkannt, und die Ehe selbst mit dem sie über alles liebenden Mann ward ihr ein Gräuel. Als sie nach drei Jahren frei geworden, lebte sie wieder auf, heute galt ihr jene Schreckenszeit, ihre sonst so glückliche Ehe, als eine verlorene Lebenszeit. „Kapitalsanlage zum Glücklichwerden,“ sagte sie oft scherzend, wenn sie davon sprach.

„Das ist doch etwas ganz anderes,“ beharrte sie. „Das junge Mädchen, das in die Ehe tritt, ist noch unwissend. Die Erkenntnis ihrer Unfähigkeit den Mann als Beglücker anzuerkennen, kommt erst, wenn ihr die Augen aufgehen. Wer aber nach der Erkenntnis heiratet, der war Contrebande – oh pfui!“ Und sie stand erregt auf.

„Man muss halt alles probieren!“ lachte die Aerztin cynisch.

Minotschka warf ihr einen empörten Blick zu.

„Hast Du keinen Cognak oder Liqueur?“ fragte jetzt die Jüdin im rechten Augenblick, um die Stimmung zu heben. Aber die Gastgeberin konnte nicht so schnell über das Thema fortkommen. Sie befahl den Tisch abzuräumen, der dann zusammengeklappt und in eine Ecke gestellt wurde. Dann holte sie selbst eine Flasche Cognak, eine Flasche Ingwerliqueur und die Cigaretten herbei.

„Wer Bier will, kann Bier haben,“ sagte sie unwirsch. „Hier steht es!“ Und sie deutete in eine Ecke hinter dem Ofen, wo eine Reihe Bierflaschen stand.

Die Bayerin holte sich erfreut Bier und ein Glas herbei, Gräfin Kinzey schenkte sich ihren gewohnten Ingwer ein, und Berta Cohn sparte nicht an Cognak. Die übrigen standen im Zimmer umher und zündeten sich Cigaretten an. Die Gräfin lehnte sich in eine Sofaecke und rauchte stillschweigend. Unwillkürlich hatte sich Minotschka zu ihr gefunden; sie hockte auf der Seitenwand des Sofas mit über einander geschlagenen Beinen. Die Französin hatte sich mit der Berlinerin ans Fenster gesetzt, die lange Deutsche brachte mit Freuden ihre armseligen französischen Brocken an, und erzählte der hochaufhorchenden Erbfeindin die Geschichte der abtrünnigen Elise Fritz. „Uebermorgen promoviert Else Lehmann,“ begann die Aerztin, „Wer kommt zur Aula?“

„Ich,“ „wir alle,“ ertönte es.

„Von was handelt denn ihre Dissertation?“ frug die Wienerin.

„Ueber die Wirkung von Bromkali im Urin,“ erklärte Dr. Tatjana. „Pfui,“ lächelte die Polin.

„Pah, jeder hat sein Steckenpferd," spottete die Aerztin. „Meine Dissertation behandelte die Erkrankungen des Afters. Finden Sie das nett? Nein? Nun dann ist's nur gut, dass Sie Musik und nicht Medizin studieren! Denn in der Wissenschaft giebt es nichts Ekelhaftes und Unbesprechbares, denn was eben existiert und in Krankheiten vorkommt, giebt uns ja erst die Mittel zu unserem Wissen!"

„Gewiss," wehrte die Gräfin ab. „Nur wäre das Studium der Medizin nicht für mich!"

„Für viele nicht," fuhr da Berta Cohn dazwischen, „selbst für unsere unfehlbare Minotschka nicht, sonst wäre sie nicht von der Medizin zur Philosophie, zur Litteratur und Kunstgeschichte übergegangen. Puh, das kommt mir immer vor, wie wenn man erst Münchener Löwenbräu und dann Himbeerlimonade trinken würde!"

„Ich habe meine besonderen Gründe," sagte Minotschka fast heiser. „Die weisst Du, so gut wie ich! Nicht die Medizin ist schuld daran, dass ich im Studium umsattelte, sondern der heutige Stand unserer Wissenschaft, unsere Unterdrückung unangenehmer Enthüllungen! Die ganze Art unseres Vorgehens gegen das Weib, sei es Weib im Denken und Empfinden oder nicht, ist's, was mir das Studium der Medizin unmöglich machte. Soll ich arme und elende Weiber und Mädchen behandeln müssen, denen ich helfen könnte, wenn ich reden dürfte, zu denen ich aber nicht reden darf, weil die Wissenschaft nicht alles, was sie wohl weiss, erkannt haben will? Soll ich gegen meine Ueberzeugung Wesen, gleich mir und Euch geartet, dem Manne in die Arme treiben, bloss, weil die Welt das Althergebrachte will, weil die Ehe, der Geschlechtsverkehr zwischen Mann und Weib die Grundlage des medizinischen Erwerbes bilden? Könnt und wollt Ihr das? Sind die Aerzte nicht unsere ärgsten Feinde, weil sie die Wahrheit nicht öffentlich im Lichte der Wissenschaft enthüllen? Könnten sie nicht durch die wahren, wissenschaftlichen Thatsachen die Frauenfrage in andere Bahnen lenken, die keine Frauenfrage, sondern eine Frage des dritten Geschlechtes ist! Und Ihr, die Ihr gleich mir empfindet, Ihr, die Ihr berufen seid, Euch zu stemmen gegen die Willkür und das Althergebrachte, Ihr habt den traurigen Mut zu schweigen? Den ‚Mut' sage ich, denn den Mut, die heutigen Zustände stillschweigend zu ertragen, habe ich nicht! Darin seid Ihr mir über!"

Sie war totenbleich geworden, ihre dunklen Augen leuchteten unheimlich. Die Gräfin legte leise ihren Arm um die Empörte und sagte nur: „Milaja Minotschka!" Aber die einschmeichelnde Wirkung ihrer Stimme verfing heute nicht. Die Erregte drückte der Freundin nur die Hand und fuhr, an die ganz erstaunt zuhörenden Frauen gewandt, fort: „Und nun, Ihr, Sie, Dr. Kassberg, Berta, und Sie, Zeline: würden Sie sich wagen, eine Doktordissertation über den wissenschaftlich erbrachten, positiven Beweis der Existenz eines dritten Geschlechtes zu bringen? Würden Sie das?"

Und sie stand mit einem Schritt vor der Pragerin.

„Sicher nit," meinte diese, „denn dös thät keine Fakultät annehmen!" „I probier's aber amal," lachte die Wienerin; ihre Landsmännin aus dem Tschechenlande heimlich anstossend.

„Mein Gott," hub da Dr. Kassberg an, „Sie haben ja in vielem recht, liebe Fernandoff! Aber wie in aller Welt wollen Sie Ihre These wissenschaftlich verteidigen? Gewiss es steht fest, dass wir alle hier perverse Frauen sind, und dass es solche zu Hunderten und Tausenden giebt. Aber sind wir vielleicht nicht Ausnahmen, die nicht eigene Gesetze beanspruchen dürfen, sind wir nicht vielleicht nur starke Intelligenzen, deren Geschlecht durch den Verstand eingelullt und vielleicht auch ertötet ist, und die den Mann deswegen als solchen überhaupt nicht erkennen? Wer will das wissenschaftlich feststellen und wie wollen Sie das?“

„Das ist Sache der Psychiatriker,“ sagte Minotschka. „Obgleich ich auch diese Klausel unwürdig finde, wonach wir durch Psychiatriker klassifiziert werden. Diese zweifelhafte Ehre wird ja dem entnervtesten, gemeinsten Roué nicht einmal zuteil.“

„Wir sind doch den Männern gegenüber noch sehr gut daran,“ warf die Aerztin ein. „Sehen Sie nur unsere Leidensbrüder männlichen Geschlechtes an, dann werden Sie mit Ihrem Los sehr zufrieden sein!“

Jetzt sprang die kleine Schauspielerin dazwischen. „Ach,“ rief sie auf französisch, „ach, wie sehr hat Fräulein Fernandoff recht! Ach wäre ich nicht eine arme Schauspielerin, hätte ich gelernt, studiert, o, wie würde ich handeln! Aber so, so! Alle Gemeinheiten und Zumutungen muss man sich von den Männern gefallen lassen, niemand glaubt es einem, dass man ohne einen Geliebten lebt, dass der Mann uns nichts ist, nichts sein kann, als Mensch, – – – o, es ist empörend! Wie ich sie hasse, hasse, hasse, diese Männer, die mehr sein wollen und anders als wir, für die wir da sein sollen ohne Individualität, ohne eigenes Wesen, nur Geschöpf ihrer Lüsternheit! O, ich hasse, hasse, hasse sie!“

Und sie stürzte auf Minotschka zu und lehnte ganz erschöpft ihren Lockenkopf an deren Schulter, als fände sie bei ihr allein Schutz und Trost. Die Debatte wurde jetzt allgemein. Man sprach durcheinander, der Ton wurde immer ernster, eindringlicher. Eine Art dumpfer Trauer lagerte über dem kleinen Kreis, jegliche Sonderinteressen schienen untergegangen zu sein, im Gefühl ihrer Zusammengehörigkeit, ihres Verhängnisses. Die kleine Schauspielerin weinte sogar helle Thränen bei der Erörterung ihres Berufes, der ihr die Sympathie oder auch nur das Wohlwollen der Männer als Richtschnur vorschrieb.

Für Frau Annie, die immerhin die einzige war, die nach aussen hin einen Mann hatte, war das Gespräch peinlich. Ihre ganze zweifelhafte Stellung in der Wirklichkeit und vor den Menschen gestattete ihr nicht über alles so zu sprechen, wie sie es gerne gewollt hätte. Sie rüstete zum Aufbruch. Das Gespräch erlitt eine Stockung. Die Französin, die nur das französisch gesprochene verstanden hatte, langweilte sich wohl, und so folgte sie denn Frau Annies Beispiel. Auch die beiden Deutschen schlossen sich jenen an.

Minotschka hatte ihre Gäste zur Treppe begleitet. Jetzt trat sie wieder ins Zimmer: „Kinder," rief sie, „jetzt sind wir noch besser unter uns, jetzt müssen wir noch etwas trinken!" Und sie holte noch einige Flaschen Wein herbei, die sie in die grossen Karaffen entleerte.

„Schau, Minotschka," meinte dann Zeline, indem sie ihr Glas auf einen Zug leer trank, „schau, Du hast schon ganz recht! I thät a gern mei Dissertation über dies Thema schreiben. Bis dahin vergehen ja noch zwei Jahre, und wer weiss, wie sich da alles geändert hat. Jetzt kann man doch unmöglich Unmögliches verlangen. Wann's auch ein paar Professoren gern zuliessen, für alle sind wir nit! Prosit!"

Sie sagte dies alles in ihrer weichen Sprechweise, in ihrem komischen Gemisch von Hochdeutsch und Wienerisch. Sie erreichte damit immer eine versöhnende Stimmung, während das scharfe Organ der Aerztin das Gegenteil erntete.

„Gewiss," sagte jetzt Gräfin Kinzey vornehm ruhig, „gewiss, wir müssen versuchen, uns in der Oeffentlichkeit durchzuringen, anerkannt und nicht übersehen zu werden! Der grösste Teil des Volkes und der Gebildeten hat keine Ahnung von unserer Existenz, von unseren Bedürfnissen, unserem Menschenrecht. Und doch tragen wir an dem allen selbst die Schuld! Wir treten nicht genug für uns ein, wir verfechten nicht unsere Thesen, wir geben uns nicht frei zu erkennen als Menschen, die weder Weib noch Mann sind. Wir müssen zu jeder Zeit eintreten für unser Selbst, wir müssen uns immer und immer wieder behaupten, und nicht zurückdrängen lassen als Kranke oder auf eine künstliche Pose stellen lassen, als gnädigst anerkannte, besonders begabte Frauen, sondern wir müssen zeigen, dass wir Vertreter einer Mischung, eine Menschenspezies sind, die ein Recht auf Berücksichtigung hat, zeigt sie sich doch ausnahmslos als Intelligenz-Elite. Wir können unser Selbst aber nur erfolgreich wahren, wenn wir uns unerschrocken ausserhalb des Kreises echter Weiber und Männer stellen, wenn wir nicht heuchlerisch unter falscher Etiquette auf dem Lebensmarkt herumlaufen. Schlimm genug, dass man uns zwingt Komödie zu spielen und als Weib auftreten zu müssen, allem ausgesetzt, was das Weib zu erwarten hat, einrangiert zu werden in die Waren-Musterkarte für Männer!" „Wie wahr ist das, liebe Marta, wie wahr!" sagte die Gastgeberin. „Ach, und ist es nicht zum verzweifeln, wenn man sieht und fühlt, wie furchtbar schwer der Kampf ist, nach aussen Weib sein zu sollen. Gewiss auch ich sage, dass es Pflicht, heilige Pflicht einer jeden von uns, die mit Ueberzeugung zum dritten Geschlecht gehören, ist, unentschlossene, schwankende Gefährtinnen, deren Zustand wir mit kundigem Auge und dem Gefühl der Zusammengehörigkeit leicht erkennen, die aber nichts von Liebe und Leben wissen, vor der Ehe zu warnen, sie zurückzuhalten, sich und einen Mann unglücklich zu machen. Hätte mich zum Beispiel eine mitleidige Seele rechtzeitig erkannt und gewarnt, dann hätte ich meinem einstigen Gatten nicht drei Jahre seines Lebens geraubt und ich hätte diese kostbare Zeit nicht nutzlos verloren! Wer ermisst denn die Qual, die die Frau unserer Art in der Ehe trifft! Wie schwer leidet nicht schon die normale aber nicht sinnliche Frau unter der geschlechtlichen Ehegemeinschaft! Solch eine Ehe ist ein Seelenmord! Und wie unerlässlich ist es, sich vor der Ehe zu erkennen, die für den Mann stets ein Wagnis, für die Frau eine Gefahr bedeutet! Das ist es, was die Ehe auch für normale Menschen zu einem furchtbaren Wagnis macht, dass man sie von beiden Seiten ohne jeden Befähigungsnachweis in seelischer und körperlicher Beziehung eingeht, und dadurch in so unzähligen Fällen Schiffbruch erleidet. Auf diesen morschen, ungesunden Verbindungen soll die Grundlage des Staates ruhen, aus ihnen soll Liebe zur Arbeit und zur Sittlichkeit hervorgehen? Die Verhältnisse züchten heute in den Ehen ein Liebesproletariat, das sich hinter der Tarnkappe der Gesittung schlecht verbirgt in brutalen Excessen gegen die persönliche Freiheit des einen oder andern Teils der Ehegatten. Diese Brutalität steigert sich, je unangenehmer sich die Folgen der Ehe bemerkbar machen, die moralisch deprimierend und drückend wirken. Die schwerste Pein ruht auf den ästhetischen Folgen. Denn wenn der eine oder andere Teil sich erst dauernd in seinem Schönheitsgefühl, in seinem Zartgefühl, oder in seinem ästhetischen Empfinden verletzt sieht, wenn die kleinste, nichtigste Handlung durch die Art, wie sie ausgeführt wird, dem andern zuwider wird und ihm seelischen Schmerz bereitet, der sich bis zum körperlichen Unbehagen gestaltet, dann wird die Ehe zu einem schrecklichen Marterzustand, der, ohne Aussicht auf Befreiung, zu Tobsucht, zu Mord führen kann! Das verletzte ästhetische Gefühl lässt weder eine geschlechtliche Vereinigung, noch ein Zusammenkommen auf moralischem Gebiet zu, selbst wenn die socialen Bedingungen gute sind." Minotschka schwieg und sah still vor sich nieder. Wenn sie einmal ins Sprechen geriet, liess sie sich fortreissen. Sie sprach überzeugend mit Begeisterung, man hörte ihr gern zu. Zudem fesselte der Ernst des Themas, das heute hier verhandelt wurde, jede einzelne dieser intelligenten Frauen.

„Sie haben sehr recht, liebe Fernandoff," sagte plötzlich die Volontair-Aerztin. „Das wissen wir Mediziner alle, können das aber doch nicht öffentlich bekannt machen. Da würde ja niemand mehr heiraten wollen! Der grösste Teil aller weiblichen Nervenkrankheiten und Neurosen sind nur auf das falsche, ihnen aufoctroyierte Geschlechtsleben in der Ehe zurückzuführen. Man lässt sie in Unkenntnis über die natürlichsten Dinge und verspottet, verhöhnt und verdammt nachher jene ‚Xantippen', jenes endlose Heer der Hysterischen! Sie werden noch verantwortlich gemacht für ihren Zustand und man verlangt Beherrschung von der psychisch und physisch Gequälten. Den Mann in ähnlicher Lage bedauert man als Neurastheniker, man klassifiziert ihn doch immerhin in eine anständige Krankheitsrubrik. Die armen, in der Ehe leidenden Weiber aber zeigen die verschiedensten Annormalien des Gemütes, und müssen jedem Arzt, wenn dieser nur klar sehen wollte, den Zustand seiner Patientin verraten. Aber wir dürfen das nicht erkennen, in unserem eigenen Interesse! Befreite man so manche Frau von den Brutalitäten des ehelichen Schlafzimmers, sie lediglich als Mensch in seinem Berufe auf feste Füsse stellend, so würde fast jede von ihnen eine tüchtige, brauchbare Persönlichkeit!"

„I mein halt," warf die Wienerin dazwischen, „dass ein vernünftiger Mensch niemals in so a dumms Liebesgefasel hineinkommt. Denn ein gereifter Verstand, und ernstes tiefes Wissen kann unmöglich eine solche Liebe zulassen, die da blind macht! Wenn i von den Verbrechen, den Thorheiten und den Lächerlichkeiten höre, die aus Liebe begangen werden, dann zweifle ich immer am Verstand der Liebenden. Lassen's mi aus mit der Lieb'!"

„Der Begriff ‚Liebe'," meinte Minotschka nachdenkend, „kommt mir doch nicht als richtiger Ausdruck vor. Denn das, was man so poetisch Liebe getauft hat, ist doch immer nur mehr oder minder stark entwickelter Geschlechtstrieb. Ich glaube, dass die Liebe eigentlich nur ein körperliches Behagen oder Unbehagen ist, und dass der Mensch mit ausgeprägter Intelligenz immer glücklich lieben müsste, um mit der Menge zu reden. Ich spreche jetzt nur von normal empfindenden Frauen und Männern, aber ich glaube trotzdem, dass ein Mensch, der sich geistig sehr intensiv und energisch beschäftigt, gar nicht Zeit hat, so viel an die Erfüllung von Liebe zu denken. Ich behaupte sogar, dass ein arbeitender, in gesundem Gleichgewicht wirkender Mensch, keine Zeit zu einer unglücklichen Liebe hat; die ist eine Krankheit für geistig Defekte und Tagediebe!"

„Ich bin derselben Meinung," lachte die Aerztin. „Das Gros unserer Durchschnittsfrauen leidet an Arbeit – und Verstandschulung – Mangel, und fällt daher auch so leicht einer unglücklichen Liebe zum Opfer. Diese Art ihrer Verirrung ist krankhaft, und es wäre hohe Zeit den unphysiologischen Schilderungen in den Romanen, und der hohlen, unvernünftigen Verherrlichungen unglücklich Liebender ein energisches Ziel zu bereiten, und diese Leutchen einfach als das zu behandeln, was sie sind: als Kranke. Andauernde unglückliche Liebe kann Leben und Gesundheit ernstlich gefährden und muss energisch bekämpft werden. Man muss die Kranken aufklären, ihr Ehrgefühl heben, und ihnen ihr läppisches Schmachten so vorführen, dass sie dadurch nur ihren eigenen Unwert erkennen und sich schämen."

„Bravo, bravo," rief da die lustige kleine Pragerin, „bravo, bravo! Das ist alles ganz meine Meinung! Logischerweise betrachtet hat die Liebe überhaupt nur dann Wert und Daseinsberechtigung, sie ist nur dann ein natürliches Gefühl, wenn sie geteilt wird. Ja, ja, Liebe ist schön, wenn sie beginnt, angenehm, angenehm, wenn sie währt, und hässlich, wenn sie endet!"

„Ich weiss nicht, ob Sie alle recht haben," sagte da die Schauspielerin verlegen. „Ich bin keine studierte, gelehrte Frau, wie Sie alle, ich kann keine so schönen Reden halten, wie Fräulein Fernandoff. Ich müsste also nach dem, was Sie vorhin sagten, gerade für die Liebe Geschmack haben! Und doch ist dem nicht so! Die Liebe liegt mir so fern, und der Mann ist für mich ein Begriff! Ich glaube, das liegt nur in uns selbst: Frauen, wie wir, können den Mann als Mann niemals lieben, während all die vielen Abstufungen in der Frauennatur auch verschieden lieben werden! Und deswegen finde ich, dass es keinen falscheren Begriff giebt, als den, alle die verschiedenen Gefühle der Zuneigung oder Anhänglichkeit Liebe zu nennen! Ich glaube nur, dass Liebe unfrei macht, und halte es daher für das Höchste, die Freiheit seines Ich's zu bewahren!"

Dr. Kassberg klatschte kräftig in die Hände, „Seht 'mal eine unsere Pierette an!" spottete sie. „Aus der Puppe wird ja ein Schmetterling!"

Und sie streichelte der Schauspielerin gönnerhaft die Hand.

„Ein Uhr," sagte da plötzlich die Polin, als die Glocke der nahen Kirche dumpf ausholte.

Alle brachen auf. Man sprach wenig mehr. Verabredungen für den nächsten Tag wurden erörtert, dann trennten sich die Damen. Gräfin Kinzey blieb ein wenig zurück. „Gute Nacht, mein Liebling," sagte sie in der Hausthür, indem sie Minotschka an sich drückte und ihr Haar küsste. „Morgen Abend erwarte ich Dich!" Und sie eilte den andern nach.

Oben blieb Minotschka noch eine Weile unschlüssig stehen. „Ach was," murmelte sie dann lächelnd, „dann gehe ich eben auch schlafen! Sie sind alle zu solid!"

* * *

Minotschka hatte in den Ferien mit Gräfin Kinzey und Berta Cohn eine Reise ins Berner Oberland gemacht; und da sie Interlaken über alles liebte, entschlossen sich die Freundinnen die letzten Wochen ihrer Ferien dort zu verbringen. Die Pragerin traf indes dort eine verheiratete Cousine, mit der sie weiter nördlich zog. Minotschka und Marta konnten nun ganz nach ihrem Geschmack weiter leben. Man photographierte, man plauderte in naiver Weise über harmlose Dinge und spielte eine Zeit lang die Rolle von Frauen, die nichts zu thun haben, und nichts thun wollen. Alles in allem waren es köstliche Wochen und Tage, die glücklich zu Ende gingen, als sie den arbeitsgewohnten Frauen anfingen ein wenig drückend zu werden.

Bei der Rückkehr nach Genf warteten ihrer allerlei Ueberraschungen. Eine junge Verwandte der Gräfin war in einem Genfer Pensionat untergebracht und erwartete den Besuch der Cousine, ausserdem war Martas alter Vater in Aix-les-Bains, wo er zur Kur weilte, erkrankt, und verlangte dringend nach der Tochter.

Minotschka hatte ebenfalls zwei ihr unangenehme Nachrichten vorgefunden. Der eine Brief enthielt die Bitte einer schwerkranken in Clarens weilenden Russin, baldigst zu ihr zu kommen, da ihr Ende ihr bevorstehe und sie mit Minotschka noch vieles ordnen wolle; der andere kam von einem jungen Arzt, der Minotschka schon bald nach ihrer Scheidung einen Heiratsantrag gemacht, den sie abgewiesen hatte, und der des Weibes Gründe nicht kennend, offenbar nach längerer Anstandswartezeit wiederum anfragen wollte. Dieser letzte Umstand war Minotschka sehr peinlich und sie sah es als einen guten Zufall an, dass die Fahrt zu der kranken Russin ihre Abwesenheit entschuldigte und sie des Empfanges des lästigen Besuchers enthob. Dr. Laum schrieb, dass er nur auf der Durchreise sei, sich nicht lange aufhalten könne und an dem und dem Tag bei ihr vorsprechen werde. Sie nahm den Brief der Russin, fügte ihm einige erklärende Worte bei und instruierte ihre Wirtin, dem Besuch den Brief zu übergeben. Dann suchte sie Marta auf, teilte ihr die Reise nach Clarens mit, und, nachdem sie die Gräfin zur

Bahn gebracht, radelte sie am See entlang nach Clarens.

Es war ein herrlicher, warmer Oktobertag, und Minotschka empfand mit Wonne die Wohlthat einer kräftigen Bewegung. Durch Marta, die sehr verweichlicht und jeder Anstrengung abhold war, hatte sie in der letzten Zeit das Radeln vernachlässigt. Das ungewohnte und langentbehrte Vergnügen schaffte ihr heute doppelten Genuss, und willig überliess sie sich dem wohlig-friedlichen Gefühl, lautlos und wie beschwingt durch die herrliche Landschaft zu gleiten. Die Schwäche in ihrem Fussgelenk hinderte sie, besonders nach angestrengter geistiger Arbeit, an andauerndem Gehen, während das Radfahren ihr keinerlei Beschwerde brachte. Ab und zu begegnete sie einem Trupp radelnder Engländerinnen, die, ohne miteinander zu sprechen, wie die wilde Jagd an ihr vorüberrasten.

Gegen Abend war sie in Clarens. Sie fand die einstige Studiengefährtin im letzten Stadium der Schwindsucht; unermüdlich schrieb sie auf Wunsch der Kranken Briefe an die Angehörigen und Bekannte, an ihren Anwalt, an das russische Konsulat. Mit bewundernswerter Stärke verfügte die Leidende über ihre letzten Tage, ordnete sie sorgfältig alles, was durch ihren Tod zu Irrtümern führen könnte. Lange sassen die beiden Frauen noch beieinander und als Minotschka nach zwei Tagen schied, wusste sie, dass sie die Kranke nicht wiedersehen würde. Ein leichter, warmer Regen fiel, bleierne Schwere lag über dem Genfer See; in tiefster Seele ergriffen, erschüttert von dem Erlebten benutzte Minotschka das Dampfschiff zur Rückfahrt; es war ihr unmöglich in dieser Gemütsverfassung zurück zu radeln. Sie ging auch nicht direkt nach Hause, schon weil sie annahm, dass Dr. Laum sie noch aufsuchen könnte, sondern suchte Berta Cohn auf; die lustige Pragerin war die erste, die ihr über die momentane Schwermut hinweghelfen konnte. Am nächsten Tage erst ging sie nach Hause, die Arbeit drängte. Sie hatte vier Tage verloren und nichts rächt sich zudem mehr, als eine Unterbrechung gewohnter Arbeit und Verhältnisse; Stimmung und Eifer fehlten ihr.

Sie las die eingegangenen Korrespondenzen, und entdeckte dabei eine Karte Dr. Laums, wonach derselbe ihr für denselben Tag einen Besuch in Aussicht stellte. Sie konnte ihm also nicht entgehen! Ihr war wirklich miserabel zu Mute: Die Abwesenheit Marta Kinzeys verstimmte sie mehr, als sie dachte, sie hatte eine unbestimmte Angst, dass die Freundin länger weg blieb als beabsichtigt. Und nun zu allem noch dieser Dr. Laum! Hätte sie nur Berta mitgenommen, um ein intimes Gespräch nicht aufkommen zu lassen! Da klopfte es! Es war Frau Annie, die Minotschka besuchen wollte. Ihr auf dem Fusse folgte Boris Karaschneff, ein Mediziner, und der einzige Freund, den Minotschka immer gern sah. Sie hatten schon in Leipzig immer viel zusammen verkehrt, und waren gute Kameraden geworden. Der Studentin fiel eine Last vom Herzen: „Sie kommen zur rechten Zeit," sagte sie heiter. „Ich werde nachher Besuch von einem Herrn bekommen, und ich bitte Sie, beide, verlassen Sie mich nicht, bis er gegangen!"

„Mit Vergnügen," sagte der Russe. Er hegte eine grosse Zuneigung und Verehrung für Minotschka, ohne es diese merken zu lassen; im Grunde genommen war er eifersüchtig auf jeden Mann, der mit der Freundin bekannt war.

„Muss man liebenswürdig oder grob gegen ihn sein?" frug er kampfbereit. „Aber Boris," schalt Minotschka,

„wie können Sie nur so fragen! Sehr liebenswürdig natürlich, denn der Herr ist wirklich ein sehr angenehmer Mensch, wenn – wenn er –“

„Wenn er nicht verliebt in Sie wäre!“ vollendete Boris. Alle lachten. In diesem Augenblicke brachte das Mädchen Dr. Laums Karte; nur der kleine Kreis von Intimen wurde gewöhnlich anstandslos von Minotschka empfangen.

Sie ging dem Besucher entgegen und begrüsste ihn freundlich aber zurückhaltend. Man stellte einander vor. Offenbar geärgert sah Dr. Laum die Besucher an: „Ich war schon zweimal bei Ihnen, meine Gnädige“ sagte er, „aber ich hörte, dass Sie verreist waren; und nun scheine ich wieder zu stören!“

„Durchaus nicht,“ eiferte Minotschka. „Im Gegenteil, ich bin erfreut, Ihnen meine lieben Freunde vorstellen zu können!“

Es lag ein wenig Bosheit in dem Blick, den sie Boris zuwarf, aber der Doktor beachtete es nicht.

Sie liess Sherry und Gläser bringen, dann hielt sie dem Doktor ihr gefülltes Glas hin und sagte vorbeugend: „So, lieber Herr Laum, stossen Sie beim ersten Wiedersehen auf meine Zukunft an – das bringt Glück! Und zwar darauf, dass ich so glücklich bleibe in meinem freien Leben, wie ich es jetzt bin!“ Die Gläser klangen zusammen, der Doktor machte ein verlegenes Gesicht.

„Auf Ihr Glück, ja,“ sagte er, „aber nicht so, wie Sie es jetzt kennen, sondern an der Seite eines geliebten Mannes!“

Er hatte damit das Ungünstigste gethan, was er in seiner Lage thun konnte. Nichts empörte Minotschka, die starke, selbständige Natur mehr, als der ewige Hinweis auf den Mann als Glücks-Attribut. Sie empfand das stets als Beleidigung, als Geringschätzung ihres Wertes, und ganz ihrem Temperament folgend, wurde sie rücksichtslos, selbst grob. Sie stand auf:

„Lieber Doktor," sagte sie eindringlich, „lassen Sie sich eines sagen, hören Sie mit diesen Phrasen auf! Die will ich nicht hören, ein für allemal! So sehr mich Ihr Besuch als alter Bekannter freuen kann, so sehr würden Sie mir diese Stunde verderben, wenn Sie nicht vernünftig sprechen!"

„Aber, gnädige Frau!" stammelte dieser aufs höchste bestürzt. „Nennen Sie mich nicht so!" rief sie nun wirklich empört. „So wie ich nach unseren Gesetzen bei der Scheidung den Namen meines einstigen Gatten ablegen musste, so streifte ich auch alles übrige ab. Ich bin nur noch die Studentin Minotschka Fernandoff!"

„Ja, wie soll ich Sie denn nennen?" fragte er, ordentlich erschrocken.

„Frau oder Fräulein Fernandoff," spottete sie. „Was Sie hübscher finden!" Der Doktor war offenbar unschlüssig, ob er gehen oder bleiben sollte. Aber er sah, dass auch Frau Annie, die von den Plänen des Besuchers keine wirkliche Ahnung hatte, missbilligend die Gefährtin ansah. Das entschied ihn zu bleiben. Er schluckte seine Verstimmung hinunter und fragte ablenkend: „Wie geht es denn Fräulein Zeline Ardy? Wo wohnt sie denn hier?" „Zeline ist für dieses Semester nach Zürich gegangen," erklärte Minotschka, froh, dem Gespräch eine andere Wendung geben zu können. „Und was macht denn Ihre Schwester? Ist sie noch auf dem Leipziger Konservatorium ?"

„O nein," entgegnete der Doktor, „sie sollte doch nicht Musik studieren! Sie hatte den Unterricht nur zum Zeitvertreib, so wie alle jungen Mädchen etwas treiben, bis sie ihren wahren Beruf erfüllen können."

„So ist Ihre Fräulein Schwester verlobt?“ fragte Frau Annie höflichkeitshalber und weil sie sah, dass Minotschka eine scharfe Antwort bereit hatte.

„Ach nein,“ sagte er naiv, „aber sie hat doch die Hoffnung nicht aufgegeben zu heiraten, sie ist ja erst vierundzwanzig Jahre alt. Es interessieren sich jetzt auch mehrere Herren für sie, ich denke der eine oder andere macht sich! Da wir elternlos sind, ist Marianne augenblicklich bei einer Tante zu Besuch!“

„Grundgütiger Himmel!“ rief da Minotschka aufspringend. „Ist das schmählich! Haben denn die Mädels heute alle keine Ehre im Leibe?“

Der Doktor fuhr zurück.

„Wie meinen Sie das?“ fragte er unsicher.

„Wie ich das meine?“ höhnte Minotschka. „Nun das ist doch nicht schwer zu verstehen! Ich finde es ehrlos und erniedrigend ein Mädchen von klein auf für die Ehe zu erziehen, ohne seine Individualität zu kennen, und es zur Männerjagd zu dressieren, statt ihm einen ehrlichen Broterwerb zu bieten. Fühlen Sie denn nicht die Schmach, die Sie Ihrer Schwester anthun, wenn Sie erzählen, dass sie immer noch hofft, dass sich ‚Etwas‘ macht? Sie würde also jeden nehmen, wenn nur einer kommen wollte?“

Dem Doktor wurde es immer ungemütlicher, er wusste nicht mehr recht, was er antworten sollte.

„Aber alle Frauen sollen und wollen doch heiraten!“ beteuerte er nochmals.

„Sollen und wollen?“ ergriff hier Frau Annie das Wort. „Nein, Herr Doktor, das ist doch nicht ganz richtig! Wir wollen weder alle heiraten, noch sollen und werden wir für die Zukunft alle heiraten! Denn in erster Linie sind wir doch alle Menschen, dann erst Gattungswesen. Alle

Gattungswesen sind wohl Menschen, aber nicht alle Menschen Gattungswesen." „Ich verstehe Sie nicht ganz!" sagte der Doktor. „Aber wenn auch wirklich nicht alle Frauen heiraten wollen und sollen, es bleibt doch nichts anderes übrig! Ewig kann doch ein Mädchen den Eltern oder Verwandten nicht zur Last liegen! Ist es denn nicht schrecklich eine alte Jungfer zu werden?"

„Sicherlich," erwiderte Minotschka, „es muss fürchterlich sein, eine alte Jungfer zu sein, deren Menschtum erstorben, und deren Leben ein einziges demoralisierendes Schmarotzertum bildet! Erst müssen die Eltern viel länger als ihnen lieb ist, solch eine Sitzengebliebene ernähren, dann spielt der Bruder oder Schwager die Rolle des Ernährers, dann die Verwandten, und wenn diese nichts haben oder keine da sind, muss die Gemeinde, der Staat für alte, kranke Jungfern eintreten. Glücklicherweise lässt man sie heute noch nicht auf der Strasse umkommen, das ist noch viel wert!" spottete sie.

„In Russland ist man ganz Ihrer Meinung," mischte sich jetzt Boris in das Gespräch. „Bei uns nennt man solche alte Fräulein ‚Prischiwalka', das soll sagen, eine, die von Ort zu Ort zieht, um des Bettes und des Essens willen!"

Der gutmütige Spott des Russen ärgerte den Doktor. Er wurde jetzt angreifend. „Mein Gott," sagte er scheinbar gelassen, „es mag alles sein, wie Sie sagen, aber ich glaube doch, dass nur emancipierte Frauen gegen die Ehe und für einen Beruf sind. Und nach diesen dürfen wir nicht gehen, denn die Emancipation ist doch ihrem wahren Wesen nach die Negation der Ehe! Unweibliche Frauen sind doch für alle ein Gräuel!"

„Zweifellos!" sagte Minotschka.

„Nun also?" fragte Laum erstaunt.

„Wir verstehen nur Verschiedenes unter unweiblichen Frauen," meinte sie. „Denn was ist der Begriff ‚Weiblichkeit'"? Ein vom Mann diktierter und aufgestellter Wunsch, das Weib nach seinem Geschmack zu modeln. Es beruht demnach entschieden auf einer Verwechslung von Ursachen und Wirkung, wenn man die Frauen, die von den Männern sehr ‚weiblich' gefunden werden, als solche nennt. Diese sind im Gegenteil die ‚Unweiblichen', da sie nur den Wünschen und Prätensionen des Mannes leben. Die eigentlich ‚Weiblichen' wären demnach diejenigen, die ihre eigene Individualität ganz für sich behalten, und eine besondere Species bilden, psychisch und physisch. Gewiss ist das Weib als Mutter ‚weiblich', frei von jedem Kommentar. Nur denkt vorerst keine Frau an die Mutterschaft, wenn sie sich einen Mann gewinnen will."

„Ja, aber wie wollte man dann die sogenannte Weiblichkeit herausfinden?" fragte Laum, mehr und mehr interessiert. „Wie denken Sie sich denn das?"

Minotschka hatte die Hände im Schoss gefaltet und sah sinnend darauf nieder. „Ich habe so meine eigene Methode," lächelte sie. „Ich gehe davon aus, dass jedes gesunde weibliche Wesen zu einem Beruf erzogen werden müsste, genau, wie der Mann. Jede nach ihrer Befähigung! Die einen würden Handwerkerinnen, andere widmeten sich dem Kaufmannsstand, wieder andere dem Bureaudienst, dem Studium, der Lehrthätigkeit, der Kunst! Später würden sich dann die Parteien ohne Zwist und Hass teilen, die einen, um in der Ehe ihr Glück zu finden, die andern, die keine Meinung dafür haben, als freie Menschen auf festen Füssen stehend. Hierbei läge kein Wagnis vor, denn das Naturell würde entscheiden, und die Zahl der Heiratslustigen wird immer grösser sein, als die der anderen. Ungezählte aber würden dadurch von der Ehe, die für sie eine Qual ist, und in die man sie hineintreibt, befreit, während wiederum die Ehe dadurch gewinnen würde, da sie nur ihr wohlgesinnte Elemente bekäme."

„Aber ich glaube, dass viele Frauen heiraten, weil sie nicht arbeiten wollen, sagen wir, nicht den Mut haben, selbst für sich einzutreten!" meinte Laum.

„Gewiss," eiferte Frau Annie, „mehr als man denkt. Aber das liegt nur an der falschen Erziehung. Um heute als Frau durchs Leben zu gehen und sich seinen Beruf reichlich zu sichern, dazu gehört Mut!"

„Auch meine Ansicht ist die meiner Freundin," fügte Boris hinzu. „Auch ich sage, dass jede Frau zu einem Beruf erzogen werden sollte, entsprechend ihren Fähigkeiten und Talenten, ihren socialen und gesundheitlichen Verhältnissen. Nur dadurch bleibt sie vor späteren, schweren Seelenkonflikten bewahrt. Die Erziehung wäre allerdings erst die Einleitung zum Berufsleben, und erst, wenn sie beendet, müsste die freie Berufswahl in ihr Recht treten! Denn die Ehe ist doch weder für Mann noch für Weib ein specieller Beruf, sondern lediglich ein Sicherheitsventil, das sich der Staat errichtet hat!"

„Aber du lieber Himmel," wehrte sich Laum, „da würden die Frauen ja auf allen Gebieten unsere Konkurrentinnen!"

Minotschka lachte laut auf und klatschte in die Hände. „Selbstverständlich!" neckte sie, „und was für welche! Schon Cato sagte ja: ‚Sobald die Frauen unseres Gleichen werden, würden sie stärker werden als wir und unterjochten uns!' Sehen Sie?"

„Am Können der Frauen zweifle ich ja nicht," meinte der Doktor, „aber ich will damit sagen, dass dem Mann durch die Konkurrenz der Frau der Existenzkampf erschwert wird und er immer weniger leicht heiraten kann!“

„Ein ewiger circulus vitiosus,“ sagte Minotschka. „Gewiss ist die Konkurrenz der Frauen zu fürchten, aber mein Prinzip ist eben: das Recht des Stärkeren! Nicht des körperlich, aber des geistig Stärkeren! Ob Mann oder Weib – nur die Intelligenz hat Rechte, nicht das Geschlecht! Die Tüchtigkeit muss entscheiden! Gewiss von Tag zu Tag und von Jahr zu Jahr erschwert sich der Existenzkampf, und zwar hauptsächlich durch die Verfeinerungen der geistigen Fähigkeiten. Der einzelne muss schwer ringen, um wenig zu erreichen! Und um das Erreichte festzuhalten, muss er ständig und stets auf dem Posten zum Kampf stehen, damit ihm kein anderer zuvorkommt. Lassen Sie uns diesen Kampf auskämpfen, lieber Doktor – Intelligenz ist Trumpf!“

„Sie reden vorzüglich,“ lachte der Arzt mit sauersüssem Gesicht, „aber Sie lassen dem Leben mit Ihren Theorieen auch keinerlei Sonnenseiten! Wenn wir alle nur kämpfen wollen, so streifen wir dem Leben alle äusserlichen Schönheiten ab, dann bleibt uns nur eine Erkenntnis: dass das Leben Arbeit, Arbeit und Erwerb ist! Aber lediglich Arbeit und Erwerb, ob sie sich in höheren geistigen Gebieten bewegt, oder ob sie durch der Hände Walten verübt wird, kann uns doch unmöglich Poesie und Glück ersetzen!“

„Durchaus nicht,“ eiferte Minotschka, „Sie schütten ja das Kind mit dem Bad aus! Im Gegenteil, ich erhoffe viel mehr von des Lebens Schönheiten, wenn ich annehme, dass alle Menschen schaffensfreudig sind, dass jedem die Wege geöffnet sind, die ihn zu Forschen und Wissen führen, und ihm die Möglichkeit geben, seine

Kraft und Intelligenz zu verwerten, und sich dadurch auch seiner Individualität und seinen Neigungen gemäss die Schönheiten des Lebens holen kann, die ihn besonders locken."

„Ich glaube auch, dass Sie vergessen haben, was wir vorhin sagten," nahm Annie das Wort. „Sie wollen die Frauen als das Schönste in den Mittelpunkt des Lebens stellen, und denken, dass wir Ihnen dies rauben wollen! Wir betonten aber ausdrücklich vorhin, dass immer der grösste Teil der Frauen zur Ehe greifen wird, nur vielleicht zu einer unter würdigeren, zielbewussteren Voraussetzungen geschlossenen. Aber andererseits wollen wir jedem die persönliche, die geistige und die körperliche Freiheit lassen, und uns als Frauen, die keine Gattungswesen sind, unser Menschenrecht wahren!"

„Zugegeben," sagte Laum, „was Sie sagen, ist vollkommen berechtigt! Aber ich fürchte nur, dass die Frau sich im Lauf der Zeit immer mehr verändern wird, und dass wir zuletzt, wenn wir heiraten, im Wirtshaus mit der Gattin täglich speisen, und dass die Frau als ‚Hüterin des eigenen Herdes' bald zur Mythe würde. Durch solch ein unhäusliches Leben würde auch jede Geselligkeit im Hause, in der Familie aufhören! Das Wort ‚Hausfrau' ist dann bald ganz entwertet."

„Mein Gott ja, das bringt die Zeitströmung und der Fortschritt schon mit sich!" erklärte Frau Annie. „Unsere Geselligkeit ist heute eine ganz andere, freiere geworden! Sie verlangt und bietet mehr als früher, die Frau dadurch trotzdem entlastend. Die öffentlichen Lokale locken nicht nur noch den Mann, sondern auch vielfach die Frau: Ehepaare nehmen im Wirtshaus gemeinsam ihre Mahlzeiten ein, lesen ihre Zeitungen! Treffen ihre Bekannte! Man braucht sich dadurch keine gesellschaftlichen Konzessionen zu machen, man kommt und man geht, wie man will! Und dann," fuhr sie fort, „wie angenehm, z. B., eine grosse Festlichkeit oder Gesellschaft ausserhalb des Hauses zu geben! Fast alle meine Bekannten thun das! Was spart man damit an Aufregungen, Unbequemlichkeiten und Verantwortung! Und besonders wie entlastet wird die Frau dadurch, für die jede Festlichkeit durch die Arbeit der Vorbereitung zur Qual wird! Sehen Sie mal, Herr Doktor, das ist doch sehr praktisch: Man lädt seine Freunde in ein beliebiges Hotel, das Risiko der gebotenen Genüsse, der Unzulänglichkeit der Dienstboten fällt weg, und zu allem – man kommt billiger zu dem Vergnügen und kehrt in sein Haus zurück, das man unverändert vorfindet! Kein Trubel, keine Umwälzung, die Hausfrau geht zu dem Fest, wie jeder andere Gast!"

„Aber Sie müssen doch anerkennen," rief Laum, „dass die Frau dadurch jeden idealen Wert in der Häuslichkeit verliert, wenn man vom praktischen schon gar nicht spricht! Der häusliche Herd wird immer eintöniger, langweiliger, verlassener werden!"

„Das wird er auch," erwiderte Minotschka. „Denn er kann schon heute mit dem von aussen Gebotenen nicht mehr konkurrieren. Die öffentliche Geselligkeit zieht langsam aber sicher die moderne Welt in ihren Kreis!"

„Hol's der Kukuk," lachte der Doktor halb ernst, halb belustigt, „da wär's ja dumm zu heiraten!"

„Gewiss," „natürlich," „aber das finden wir auch," ertönte es als Antwort.

Damit war das Gespräch in scherzhafte Bahnen gelenkt. Man besprach Diverses, und der Doktor, vielleicht ernstlich abgekühlt, vielleicht auch in der Erkenntnis, dass nichts zu machen sei, rüstete zum Aufbruch.

„Leben Sie wohl, meine Verehrteste," sagte er, Minotschkas Hände drückend, „wir werden uns wohl nicht mehr wiedersehen! Ihr Flug geht nach der Sonne, der meine bleibt auf Erden! Möchten Sie glücklich bleiben!"

Seine Stimme zitterte leicht und auch Minotschka war gerührt. „Leben Sie wohl," sagte sie warm, „und seien Sie versichert, dass es mir immer Freude machen wird, von Ihnen zu hören!"

Noch ein Händedruck, eine Verbeugung gegen die anderen. Er war gegangen.

„Gott sei Dank," rief Boris belustigt. „Der Feind ist geschlagen!" Aber erschrocken fuhr er zusammen, als Minotschka sich jäh umwandte: „Ich dulde keinerlei Spott über Dr. Laum," sagte sie kurz.

„Hm, hm," machte der Russe, aber er schwieg. Da lenkte Annie ein: „Ich gehe heute Abend zum Terrassenkonzert," sagte sie. „Kommen Sie mit, Minotsch?"

„Ja," sagte diese sofort, denn zum Arbeiten war sie nicht in der Stimmung.

„Darf ich auch mitkommen?" scherzte Boris und faltete bittend die Hände.

„Natürlich," lachte Minotschka entwaffnet, „gehen wir!" –

Der Abend war herrlich, wer irgend wie konnte, weilte im Freien. Auf den Konzertterrassen wimmelte es von Besuchern, alle Tische waren dicht besetzt: zwischen den Reihen wogte eine fröhliche, schwatzende Menge. Die drei Gefährten sahen sich prüfend nach freien Sitzen um. Da wurden sie angerufen! An einem grösseren Ecktisch sassen ihre Bekannten, Dr. Tatjana Kassberg, ihr Vetter Mischah Statsky, eine russische Zahnärztin, an deren Studium alle zweifelten, nicht aber daran, dass sie Mischahs Geliebte war, Berta Cohn, die Schauspielerin, und Fräulein Dr. Reuter, eine junge Deutsche, die eben so ernst wie gelehrt war. Auf dem Tisch prangte eine grosse Bowle, man schien in heiterster Stimmung zu sein. „Nanu," fragte Boris, der sofort etwas Aussergewöhnliches witterte, „was ist denn hier los?"

Alle sprachen durcheinander, aber die Jüdin übertönte sie. „Tatjana ist seit heute angestellte Assistenzärztin an der Klinik," schrie sie. „Sie nimmt Fräulein Reuters Stelle ein, die als erste Assistentin nach Bern geht!"

Man gratulierte Tatjana und setzte sich zu ihr. „Kellner, bringen Sie noch Gläser," rief sie. „Wir müssen die Wissenschaft leben lassen!"

„Aber für mich ein Glas Löwenbräu," rief Minotschka. „Entschuldigen Sie, liebe Tatjana," wandte sie sich an die Russin, „aber Sie wissen, ich habe eine Idyosinkrasie gegen alles Süsse! Auf ihr Wohl trinke ich auch ein Glas Bier von Herzen, die Sorte macht's ja nicht aus!" Die neue Assistenzärztin erwiderte nichts; sie sass zusammengekauert auf ihrem Stuhl, ihr kleines dunkles Tartarengesicht mit den scharfen Augen hob sich seltsam fremdländisch aus dem bizarren roten, kittelartigen Kleid. Sie forderte fortwährend zum Trinken auf, während sie selbst müde ein Glas Thee trank, in das sie den Saft einer ganzen Citrone drückte!

„Was macht eigentlich Ihre geliebte Gräfin?" fragte sie ganz plötzlich, sich an Minotschka wendend. „Kommt sie bald zurück?"

„Das weiss ich nicht," antwortete die Gefragte, unangenehm durch die Frage berührt, „sie hat mir noch nicht geschrieben! Uebrigens war ich fort in Clarens, bei Zinaida Wergewsky: sie ist ihrem Ende nahe und wird schwerlich diese Woche überleben. Sie weiss es, das arme Ding, aber sie benimmt sich wie eine Heldin!"

„Dafür ist sie in Sibirien von einer heldenhaften Mutter geboren worden, die den Gatten nicht allein ins Exil gehen lassen wollte," sagte die Aerztin schroff. „Sie hätte eben nicht nach München seiner Zeit gehen sollen," meinte die Dr. Reuter, „sie hätte in der Krim bleiben sollen. Nun stirbt sie auf fremdem Boden, in der Trostlosigkeit eines Sanatoriums, ohne einen Menschen, der ihr eine Thräne weiht."

„Zu was braucht sie Thränen," spottete Tatjana mit cynischem Lächeln. „Was tot ist, ist tot! Mir starb heute auch eine junge Frau unter den Händen, die schon Monate lang siech und elend darnieder liegt. Und dort drüben am dritten Tisch sitzt ihr Mann! Hat der Thränen?"

Man sah scharf zu dem Tisch hinüber, wo der seltsame Ehemann sitzen sollte.

„Mein Gott," sagte Minotschka achselzuckend, „der arme Teufel hatte sich vielleicht schon an die Krankheit gewöhnt. Man kann sich an alles gewöhnen, selbst an Krankheit eines geliebten Wesens, das uns dadurch so wie so entfremdet. Denn was wir liebten, war doch der gesunde, ein anderer Mensch."

Die kleine Schauspielerin, die sehr weichherzig war, hasste diese Art Gespräche der Medizinerinnen; resolut ging sie auf Minotschka los.

„Fräulein Fernandoff," bat sie, „wollen Sie mich ein Weilchen durch den Garten begleiten? Ich möchte Ihnen einiges mitteilen!"

„Meinetwegen," sagte Minotschka, sich sehr wenig freudig erhebend. Pierette hängte sich an den Arm der Studentin und zog sie nach den einsamen Teilen des Gartens.

„Ich habe Ihnen wirklich etwas Wichtiges zu sagen," begann sie zaghaft. „Aber seien Sie mir nicht böse!"

„Blödsinn," fuhr die Studentin sie an. „Reden Sie und machen Sie nicht so viel Einleitungen!"

Sie war zaghaften Frauen gegenüber stets schroff, fast brutal. Sie hasste alles Energielose.

„Sagen Sie mir erst," bat die Schauspielerin zögernd, „gehen Sie zum nächsten Sommer-Semester nach Deutschland?"

Sie sah angstvoll zu der viel grösseren Gefährtin auf.

„Ja," sagte Minotschka kurz, „nach München oder nach Berlin. Aber was hat das mit Ihrer Sache zu thun?"

„Liebe Minotschka," schmeichelte da das Mädchen, „ich wollte Sie nur bitten, mich mitzunehmen! Verstehen Sie mich recht: ich will von der Bühne abgehen! Ich habe mir's lange überlegt, und dann dachte ich, dass ich in Deutschland französischen und Klavier-Unterricht geben könnte – – – oder vielleicht eine Stelle finden – – – aber nicht allein – – – mit Ihnen ginge ich hin – – – wenn Sie's wollen," fügte sie leise bei.

Minotschka sagte nichts, sie pfiff nur leise durch die Zähne, was sie immer that, wenn etwas Aussergewöhnliches sie beschäftigte.

Eine Weile hoffte Pierette auf der Freundin Antwort; als diese aber beharrlich bei ihrem Pfeifen blieb, sagte die Schauspielerin halb in Thränen: „Aber komme, wie es wolle, so oder so, ich bleibe nicht bei der Bühne! Lieber dienen, als das! Ich kann das ganze Gebaren nicht mehr ansehen, diese Reden anhören, diesen Ratschlägen folgen, die sich alle auf den Mann beziehen! Ich kann für keinen Mann Interesse finden, ich kann nicht werden, wie die andern alle, mich ekelt alles so furchtbar an, a, so furchtbar! Sie wissen ja gar nicht, Minotschka, wie wir dastehen, Sie, auf Ihrer Höhe, in Ihrer Freiheit! O, wäre ich ein Knabe, ein Mann, wie wollte ich's den

Männern zeigen, und wie wollte ich die Frauen hassen, diese charakterlosen Wesen, die nichts kennen, als den Mann, und bei diesem am besten das Portemonnaie!" Sie hielt ordentlich erschöpft inne, krampfhaft hatte sie Minotschkas Arm gedrückt. Aber diese sagte immer noch nichts; starr sah sie vor sich auf den Boden.

„Also Sie wollen nicht?" rief da endlich die Schauspielerin ernstlich empört. „Sagen Sie's nur ruhig!"

„Gänschen," lachte da die andere, und ihre tiefe Altstimme klang noch dunkler als sonst. „Thörichtes, dummes Ding!" Und sie drückte Pierette zärtlich an sich.

„Sie werden mir doch Zeit zum Ueberlegen lassen? Ja? Uebrigens weiss ich das Nötigste schon! Ich sage nichts als das: seien Sie im März zur Abfahrt bereit, ich nehme Sie mit!"

„Minotschka, o, Minotschka," schrie die andere auf, „wirklich, wirklich, Sie wollen?" Und in plötzlicher Demut nahm sie die Hand der Studentin und küsste sie herzlich.

„Ich werde es Ihnen nie vergessen," beteuerte sie, und ihr kleines, schmales Puppengesicht wurde ganz blass. „Ich gehöre Ihnen, verfügen Sie fortan über mich!"

„Nicht doch," wehrte Minotschka lächelnd. „Kein Mensch darf sich freiwillig unfrei machen! Ich will Sie nur behüten, bis Sie flügge geworden sind, ich will nur den Mensch in Ihnen retten und erhalten. Das ist ja nur unsere Pflicht! Aber kommen wir auf die Sache selbst zurück," meinte sie dann. „Kündigen Sie Ihrem Direktor schon jetzt, und dann, Liebste, lernen Sie inzwischen etwas Deutsch! Ganz auf mich angewiesen sollen Sie später nicht sein! Ich werde, sobald ich weiss, ob ich nach München oder Berlin gehe, in Ihrem Interesse vorarbeiten, verlassen Sie in dieser Beziehung sich also ganz auf mich! Ich ginge nur zu gern nach Heidelberg! Aber dieses Ideal einer Universitätsstadt lenkt zu leicht von der Arbeit ab, und der müssen wir uns beide nur zu eifrig hingeben! Also abgemacht," sagte sie und reichte der Kleinen die Hand, die diese wortlos drückte.

Sie waren inzwischen wieder in die Nähe ihres Tisches und ihrer Gefährten gekommen. Mit Befremden bemerkte Minotschka, dass ihre zwei freien Stühle von Unbekannten eingenommen waren. Die Fremden waren Männer in den besten Jahren, offenbar Genfer Bürger.

„Warum liesset Ihr unsere Plätze nehmen?" fragte Minotschka halblaut.

„Es ging nicht anders," sagte Boris, „sie wollten gehen, sobald die Damen kämen."

Wirklich standen die Fremden auf, um zu gehen. Man protestierte höflichkeitshalber, und als Fräulein Dr. Reuter und auch Mischah und die Zahnärztin zum Aufbruch rüsteten, blieben die Herren dankend sitzen. Die Bowle war inzwischen geleert worden, und Tatjana bestellte für alle Thee. „Aber mit Cognak," ermahnte Berta Cohn.

„Mit Cognak," echote die Aerztin.

In den Pausen wurde das Gespräch lebhaft; sobald aber die Musik intonierte, schwieg man. Denn Minotschka, wie auch die andern Russen, waren sehr musikalisch und liebten jede Musik als eine Art Lebenselixier. Zudem bevorzugte das Orchester auffällig slavische Weisen.

Als die Musik beendet war, beschloss man noch sitzen zu bleiben. Wundervolle Tage, wie dieser Oktobertag, mussten gezählt sein; der Genfer See lag dunkel unterhalb der Terrasse, wie in die Ferne gerückt; hell und glänzend funkelten die Sterne. Ueber das Wasser huschten mit Lampions geschmückte Schiffchen und hell erleuchtete, heftig atmende Dampfer; Lieder ertönten in der Ferne, eigenartig lockend zitterte ein einziges Licht von der Jean-Jacques-Rousseau-Insel herüber.

Der kleine Kreis geriet mehr und mehr in gehobene Stimmung, und plötzlich, bei einer ganz nebensächlichen Bemerkung, mischten sich die Fremden ins Gespräch. „Sie studieren wohl Medizin?“ wandte sich der eine ganz unvermittelt an Dr. Kassberg. Er hatte dies aus dem Gespräch herausgehört.

„Ich bin Aerztin, ja!“ sagte sie zurückhaltend.

„O, das ist uns ja ausserordentlich interessant,“ meinte der eine. „Wir sind Deutsche und bei uns sind studierte Frauen noch eine Seltenheit.“

Die Herren nannten flüchtig ihren Namen, man sprach mehr oder minder zutreffend über allerlei, und auch über die Frau im privaten und öffentlichen Leben. Und ganz unerwartet fragte der jüngere der Herren, an Tatjana gewandt: „Sagen Sie ’mal, gnädiges Fräulein, führt die Anwesenheit der Frauen in den Kliniken nicht zu allerlei romantischen Vorfällen?“

Er sagte das mit einem vielsagenden Augenzwinkern.

„Durchaus nicht,“ lautete die kurze Antwort. „Der Ernst der Situation lässt nichts nebensächliches zu.“

Der Frager fühlte sich abgeführt, aber das spornte ihn zu weitergehenden Erörterungen an.

„Aber ich meine,“ suchte er vorzubeugen, „dass eine Frau, die Jahre lang auf der Universität, den Kliniken und der Anatomie zugebracht hat, unmöglich den Reiz des Weibes behalten kann. Sie muss ernst und herb werden, rechthaberisch und pedantisch, arrogant im Gefühl ihrer Wichtigkeit, und als Rivalin des Mannes, unfähig zur Liebe, wie zur Freundschaft. Sie kann in dem Mann doch nur noch einen Konkurrenten sehen, und da er besser zum Kampf ausgerüstet ist, als sie, nur einen Feind!"

„Ist das alles?" fragte Tatjana.

„Nein," eiferte jener von neuem. „Ich glaube, dass die studierte Frau zur Ehe untauglich ist, denn sie wird ihr Studierzimmer über ihren Haushalt stellen!"

„Sicherlich," meinte Minotschka, „‚darum heiraten wir auch nicht! Ich bin vollständig Ihrer Ansicht, dass die zartbesaitete, hingebende, weibliche Frau niemals eine Aerztin werden kann oder sonst Bedeutendes im öffentlichen Leben leisten wird. Diese Frauen gehören ins Haus, und werden sich im Hause auch stets am wohlsten fühlen. Bitte verwechseln Sie uns nicht mit diesen sehr schätzenswerten Frauen – wir bilden eine andere Kategorie!"

„Ja, aber mein Himmel," sagte der ältere Herr jetzt nachdenklich, „Sie sind doch Frauen! Und wenn die Frau ernstlich will, findet sie doch immer Bethätigung ihrer Kraft! Zum Beispiel in der Diakonie!" –

Minotschkas Stuhl schnellte herum. „Sie vergessen noch eines," sagte sie kalt. „Zwei Berufe stehen der Frau jederzeit offen: die Diakonie und – die Prostitution! Der eine, der nur Aufgaben des Ichs, Duldung und Unterdrückung der Individualität auf dem Leidenswege des Glaubens bietet, und der zweite, der den Frauen durch Preisgebung ihres körperlichen Seins ein uraltes Gewerbe sichert, das man ihnen unbeanstandet überlässt!"

Die Herren rückten unruhig hin und her.

„Diejenige, die die Fähigkeit zur Unterjochung, Duldung und zum Glauben hat, soll also Diakonissin werden, und die das nicht will, – eine Dirne!" fuhr Minotschka rücksichtslos fort. „Das ist so ziemlich das Alpha und Omega des Lebens! Und als Mittelding rangiert die Ehe ein!"

„So meinen wir es nicht," lenkte der Fremde ärgerlich ein. „Aber geheiratet sollte werden, jede Frau müsste einen Mann finden!"

„Bitte," spottete Boris, „führen Sie die Vielweiberei ein." „Die wollen wir ja nicht!" wehrte der Sprecher.

„Die ist aber gar nicht so verachtenswert," meinte Dr. Kassberg. „Ich habe lange unter den Osmanen gelebt, und muss zugestehen, dass die Frauen-Unfreiheit unter den Muselmännern keine schlimmere ist durch die Vielweiberei, als im Abendland durch eine scheinbare Freiheit. Nur die Verpackung ist eine andere!"

„Ja, so ist es wirklich!" sagte Boris zustimmend, „hier wie dort verkaufen sich die Frauen, um eine Garantie für Nahrung und Unterkunft zu finden! Aber für die gleiche Leistung ist die Orientalin wenigstens vor Verstossung und Verlassung sicher!"

„Wir kommen vom Thema ab," meinte der eine der Herren. „Was die Studienfrage anbelangt, so meint doch auch Lombroso, dass die geistige Arbeit, die angestrengte höhere Thätigkeit die Nerven des Weibes ruinieren. Wie viel hysterische Frauen haben wir doch!"

„Aber, mein werter Herr," schnarrte da die Aerztin, indem sie in Seelenruhe in ihrem Thee rührte, „Sie urteilen ja nur als Laie! Sie reden nur nach, was Sie gehört haben! Da will ich Ihnen als Aerztin hiermit sagen, dass die meisten hysterischen, neurotischen, sogenannten unverstandenen Frauen verheiratete Frauen sind, die fast ausnahmslos nur deswegen psychischen Gleichgewichtsstörungen anheim gefallen sind, weil der Mangel an produktiver, befriedigender Thätigkeit, an Geistesaufklärung, an seelischer Erziehung sich rächt. Kräftigung des Willens und Schulung des Geistes sind die sichersten prophylaktischen Mittel zur Vorbeugung der Hysterie. Denn der Liebeswahnsinn der Hysterischen entspringt fast niemals einem starken Sinnenbedürfnis, sondern der krankhaft erregten Phantasie. Das sagt ja schon unser berühmter Professor Dr. von Krafft-Ebing, ‚dass diese Frauen bloss aus Gefälligkeit lieben, um ihre geistige Einsamkeit auszufüllen, der Körper spräche weniger mit!'"

Der ältere der Fremden lachte spöttisch. „Gott sei Dank", meinte er geärgert, „dass wir Ihre Anschauungen nicht verstehen! Aber apropos: Krafft-Ebing! Ist das nicht der, der für die perversen Menschen eintritt?"

Stolz sah er die Tafelrunde an.

„Gewiss," sagte Minotschka, „das ist derselbe, der Verfasser des Werkes ‚Psychopathia sexualis', auf das die meisten Laien und Unberufenen sich in Gier und Lüsternheit stürzen!"

Die Gefährtinnen lachten verstohlen, die Fremden erwiderten nichts. Dann tuschelten sie zusammen, zahlten dem gerade vorüber gehenden Kellner und standen auf.

„Guten Abend!" sagten sie höflich aber kühl zu der Tafelrunde, als hätten sie nie ein Wort mit ihnen gewechselt. Alles lachte.

„Die haben wir heimgetrieben!" jubelte Berta Cohn. „Schade," meinte Minotschka, „ich hätte sie so gerne noch weiter eingeweiht! Ich wollte ihnen noch sagen, dass wir auch zu diesen ‚Krafft-Ebingschen' gehören! Ich glaube, da wären sie in Ohnmacht gefallen!"

Man blieb noch einige Zeit sitzen, und als die anderen sich verabschiedet hatten, schloss die Aerztin sich an Minotschka an. Sie wohnten nicht allzu weit voneinander entfernt. Dr. Kassberg schien es heute darauf abgesehen zu haben, der Freundin das Geleite zu geben. Als sie in einer einsamen Strasse in eifrigem Gespräch begriffen waren, hörte die Studentin Schritte hinter sich; sie sah sich um und begegnete dem forschenden Augenpaar eines Mannes, der, einfach bürgerlich gekleidet, aber doch ein wenig seltsam aussah. Unwillkürlich legte sie ihren Arm in den der Aerztin und zog sie mit sich fort; allmählich verloren sich die Schritte des Nachfolgers. Aber nach einiger Zeit hörte Minotschka sie wieder. Auch die Aerztin schien peinlich dadurch berührt zu sein, denn sie zog die Gefährtin bald auf die eine Seite der Strasse, bald auf die andere. Eine gewisse Beklemmung lag auf den beiden Frauen, sie sprachen kaum mehr miteinander, sondern hasteten vorwärts. Man kam vor Minotschkas Haus an, sie nahm ihren Hausschlüssel aus der Tasche und sah dabei die Strasse hinauf; da entdeckte sie wieder den Verfolger. Aber ehe sie noch etwas zu der anderen äussern konnte, sagte die Aerztin: „Ach erlauben Sie, dass ich einen Augenblick mit Ihnen hinaufkomme; ich glaube, ich habe mir den Stoss meines Rockes abgerissen und möchte mir diesen erst festnähen."

Oben im Zimmer eilte die Aerztin mit merklicher Unruhe an das Fenster, mechanisch hantierte sie an ihrem Kleide herum, dabei sahen die scharfen Augen der Studentin, dass ihr später Besuch sich gar nichts an der Garderobe zerrissen hatte. Erst nach längerer Zeit entschloss sich die Aerztin zum Gehen.

Minotschka sah ihr vom Fenster aus nach und bemerkte, dass der fremde Verfolger noch unten stand und Tatjana nachging. „Es wird wohl irgend ein Unverschämter sein," dachte sie halblaut; aber im Grunde genommen beunruhigte sie dieses Erlebnis und sie grübelte noch lange darüber nach.

Als sie zu ihrem Schreibtisch trat, sah sie dort einen Brief liegen: er trug die Handschrift der Gräfin! Sofort hatte die Studentin Tatjana und den unangenehmen Verfolger vergessen. Und doch enthielt der Brief nur wenige Zeilen. Marta teilte ihr mit, dass ihr Vater sich wieder erholt habe und nach Hause gereist sei, und dass sie in den nächsten Tagen in Genf eintreffen würde.

„Gott sei Dank, jetzt bin ich vor jeder Versuchung gefeit!“ murmelte sie. Instinktiv fühlte sie es, dass ihr Verhältnis mit Pierette von Tag zu Tag intimer wurde, und dass es sich auf die Dauer nicht so gestalten würde, wie sie es anfangs gehofft hatte.

Wirklich war die Gräfin auch mit dem angegebenen Zug angekommen, und Minotschka hatte sie in herzlicher Freude in die kleine Villa geleitet. Sie hatten sich so unendlich viel zu erzählen und auch so viel verlorene Stunden des Beisammenseins nachzuholen, dass die Zeit ihnen im Fluge verging.

Beide hatten wieder mit vollem Eifer ihr Studium aufgenommen und es waren verhältnismässig geringfügige Ereignisse, die das Einerlei ihrer Arbeit unterbrachen. Minotschka hatte die Gefährten zum Weihnachtsfeste zu sich eingeladen, Berta Cohn hatte am zweiten Feiertage Revanche gegeben, und Sylvester war man zu einer köstlichen Festlichkeit bei der Polin eingeladen. Kurze Zeit darauf feierte man bei Boris das russische neue Jahr, und einige Zeit darauf bei Tatjana angeblich deren Geburtstag. Die Woche verging in Eile, der Karneval stand vor der Thür, ganz Genf lebte und atmete im Fastnachtstaumel. Auf Minotschkas Anraten hatte der kleine Kreis an einem dieser Tage eine Redoute besuchen wollen, weniger des Vergnügens wegen, als weil Minotschka sich in einer gewissen Selbstqual in die Narrheit der Durchschnittsmenschen stürzte.

Da kam am Vormittage dieses Tages die Gräfin plötzlich bei der Studentin an. Sie schien aufgeregt und ermattet, ganz anders wie sonst.

„Was hast Du?“ fragte Minotschka besorgt.

„Lies hier!“ sagte sie, statt jeder Antwort der Freundin einen Brief hinhaltend. In Eile überflog diese die wenigen Zeilen, die den plötzlichen Tod von Martas Vater meldeten und sie aufforderten, sofort nach Warschau zu kommen.

„Um Gottes willen,“ stammelte Minotschka, „arme Marta!“ Sie legte zaghaft ihren Arm um die Schultern der Freundin und drückte sie an sich. „Arme Marta,“ sagte sie nochmals, „willst Du wirklich reisen?“

„Selbstverständlich!“ sagte diese, ohne einen Augenblick ihre Festigkeit zu verlieren. „Ich reise, Minotschka, und ich weiss, dass schwere Wochen mir bevorstehen werden. Ich werde auch in diesem Semester kaum mehr zurückkehren können. Das alles würde mich nicht beunruhigen, wenn es nicht der Gedanke wäre, dass ich Dich so lange entbehren muss! Sag' mir Liebling, wirst Du mich auch lieb behalten, bis ich wiederkomme?“

Da kniete Minotschka vor der Polin nieder und drückte diese fest an sich. Sie empfand nur das unsagbare Glücksgefühl, dass die Freundin alles in den Hintergrund stellte neben der Thatsache, sich von ihr zu trennen. „Ich warte auf Dich, bis Du wiederkommst, und bis dahin lebe ich nur halb;“ sagte sie. „Vergiss das nicht und komm wieder, sobald es Dir möglich ist!“ –

Andern Tag war die Gräfin abgereist, nachdem sie von Minotschka das Versprechen erhalten hatte, dass diese auf ihre Rückkehr warten würde, wie lange es auch dauern möge.

Die Tage folgten sich für die Studentin viel zu schnell: galt es doch vor Schluss des Semesters noch so vieles nachzuholen, was die wechselvollen Ereignisse dieses halben Jahres verhindert hatten. Minotschka versäumte keines der Kollegien und bis spät in die Nacht sass sie über ihren Büchern, die ihr die einzige Abwechslung boten in der trüben Zeit von Martas Abwesenheit.

Da stürzte eines Nachmittags ganz unerwartet Berta Cohn in ihr Zimmer. „Wissen Sie es schon?" sagte sie, „wissen Sie es schon?"

„Was denn?" fragte Minotschka, wenig interessiert.

„Dass Tatjana Kassberg heute Nacht entflohen ist, regelrecht entflohen, weil man sie wahrscheinlich verhaftet haben würde!"

„Aber wieso denn! Um Himmels willen, wieso denn?" fragte Minotschka ungläubig.

„Ach das ist eine furchtbare Geschichte!" sagte die Jüdin und warf sich in einen Fauteuil. „Erst aber bitte geben Sie mir einen Cognak!" Als sie die verlangte Erfrischung bekommen hatte, erzählte sie hastig: „Gestern Nacht hatte Tatjana du jour in der Klinik; sie und die Volontär-Aerztin, die jetzt ihre frühere Stellung einnimmt, teilten sich in den Nachtdienst. Da hörte sie, dass unten im Treppenhause mit dem Portier verhältnismässig laut unterhandelt wurde. Tatjana schlich zur Treppe und beugte sich über das Geländer; und nachdem sie eine Weile gelauscht hatte, stürmte sie an der erstaunten Kollegin vorüber, den langen, dunklen Gang hinunter, durch den Operationssaal, und von da aus wahrscheinlich zu der kleinen Treppe, die hinten nach der Wöchnerinnen-Station führt, von dort aus ist sie wahrscheinlich durch das andere Portal auf die Strasse gelangt. Kurz und gut, diejenigen, die mit dem Portier gesprochen hatten, waren Detektivs, die Tatjana verhaften wollten. Sie hatten sie wegen irgend einer politischen Sache schon längere Zeit verfolgt und beobachtet. Jedenfalls ist Tatjana glücklich entkommen, da sie weder in ihre Wohnung, noch sonst zu einer Bekannten zurückgekehrt ist!"

„Ist's nur möglich" stammelte Minotschka, und blitzschnell stand die Scene vor ihren Augen, da jener fremde Mann sie und Tatjana verfolgt hatte. Schon damals waren Zweifel in ihr aufgetaucht, wenn sie sich auch noch nicht selbst hatte gestehen wollen, dass sie in dem Verfolger einen Detektiv vermutete. „Die Arme," murmelte sie verstört, „die Arme! Aber warum schickte man denn nicht zu Mischah?" fügte sie hinzu, „der ist doch ihr Vetter, der wird sicher wissen, was das Ganze zu bedeuten hat!"

„Warte doch nur ab," lachte die Jüdin, „das hat man auch schon gethan! Aber als man in dessen Wohnung kam, war der liebe Vetter ebenso spurlos verschwunden, und ausser diesen beiden noch zwei andere russische Studentinnen und zwei russische Studenten."

„Kinder, Kinder," murmelte Minotschka, erregt im Zimmer auf und ab gehend. Dabei pfiff sie den „roten Sarafan" durch die Zähne. „Es ist scheusslich!" fuhr sie fort. „Aber was sagt denn Boris dazu? Hast Du denn Boris noch nicht gesprochen?"

Ehe die Jüdin antworten konnte, klopfte man an die Thüre, die auch gleichzeitig aufging. Es war Boris. „Minotschka Fernandowna," rief er gleich beim Eintritt. „Was sagen Sie zu Tatjana und all den anderen? Man hat bei ihnen eine ganze heimliche Druckerei entdeckt; sie schufen hier eine nihilistische Zeitung, die sie nach Russland versandten. Schuldiger oder unschuldiger Weise sind fast alle hiesigen Russen verdächtigt! Ist das nicht zum toll werden?"

„Ja, es ist ganz fürchterlich!" sagte Minotschka, „aber was thun?"

„Ich komme eben deswegen zu Ihnen," sagte Boris; „der russische Konsul hier ist doch ein Vetter Ihres Vaters! Thun Sie mir den Gefallen und erkundigen Sie sich privatim bei ihm, was das alles zu bedeuten hat. Sie als Französin können das ja ohne Risiko thun!"

Minotschka war sofort bereit dazu, und mit dem Versprechen noch am Abend Boris Antwort zu geben, suchte sie ihren russischen Verwandten auf. Dieser aber wollte und konnte ihr keine näheren Details geben und versicherte ihr nur, dass die Schuldigen entweder alle geflohen oder festgenommen seien, und dass für die anderen keinerlei Gefahr oder Verdächtigung vorläge. Minotschka atmete auf, denn abgesehen von Boris besass sie noch viele gute Bekannte unter der russischen Kolonie. Was aus der Zahnärztin geworden war, konnte ihr niemand sagen. Man hatte sie schon einige Tage vor Mischahs Flucht nicht mehr gesehen.

Allmählich beruhigten sich die erregten Gemüter. Alles kam ins alte Geleise. Seit Martas Abreise hatte sich Pierette ganz an Minotschka angeschlossen. Und wenn diese auch im Bewusstsein, dass sie für die Zukunft der anderen eine gewisse Verantwortung übernommen hatte, manches an dem Kinde sah, was sie stutzig machte, so fühlte sie doch mehr und mehr, dass Pierette ihr weit mehr als blosse Freundschaft entgegen brachte. Minotschka hatte einerseits nicht den Mut, die Schauspielerin über sie selbst aufzuklären, andererseits hatte die

Verzögerung von Martas Ankunft sie verbittert und vielleicht auch ein wenig trotzig gemacht. Sie wusste nicht, ob sie der Versuchung dieser ihr gebotenen Liebe auf die Dauer widerstehen könne, obgleich sie dies ernstlich wünschte. Auch hatte sie Pierette viel zu lieb, um es zu einem brüsken Abschluss kommen zu lassen. Unter all diesen Unruhen und Ereignissen ging das Semester seinem Abschluss entgegen; man arbeitete nicht mehr mit demselben Eifer, ein Professor nach dem andern stellte seine Vorlesungen ein, und eines Tages erklärte Minotschka, dass es für sie keinen Zweck mehr habe, länger in Genf zu bleiben. Nach einem frohen Abschiedsfeste reiste sie in Gesellschaft der Schauspielerin und mit Boris ab, der ebenfalls zum nächsten Semester nach München gehen wollte.

Die drei kamen erst Mitte Oktober in München an. Minotschka fühlte sich seit einiger Zeit seltsam beunruhigt, eine wilde Hast war über sie gekommen, die es ihr unmöglich machte, lange an einem Orte zu weilen. Die Herbsttage waren ausnahmsweise schön und warm und so hatte sie ihren beiden Gefährten vorgeschlagen, von der Schweiz aus, ehe sie sich an die Arbeit begaben, einen kleinen Abstecher zu machen und die bayerischen Königsschlösser zu besuchen. Sie hatten sich überall ein oder zwei Tage aufgehalten, ganz nach ihrem Gutdünken, und waren dann bis Traunstein gekommen. Hier behauptete Minotschka nicht umzukehren, bevor sie Salzburg gesehen habe, sie müsse absolut einen der berühmten Abende auf dem Gaisberg verbringen. Und so war man denn nach Salzburg gekommen, hatte die Festung, die Klöster, die Kirchen und den interessanten Kirchhof besichtigt, hatte jeden Abend auf dem Gaisberg der Militärmusik gelauscht, und doch wollte Minotschka noch immer nichts von Abreise hören. Es war ihr so eigen zu Mute, als müsse sie sich beeilen noch viele vergnügte Stunden nachzuholen, als ginge sie etwas Schrecklichem entgegen, wenn sie gen München fuhr. „Mein Gott," sagte sie zu den beiden Genossen, „wie schrecklich thöricht sind doch die Menschen; da versagen sie sich alles und speichern das Schönste auf für das Alter, für eine Zeit, von der sie gar nicht einmal wissen, ob sie sie erleben! Aber selbst, wenn sie sie erleben, so muss sie ihnen nur Enttäuschung bringen, denn der Mensch stumpft ab und wird unfähig zum Geniessen, er begehrt auch nicht mehr so viel. Das Ersehnte erreicht auch wenig Wert mehr, wenn es uns im Alter zu eigen wird, denn nur die Augen der Jugend sehen alles im Märchenlichte. Geniessen wir die Stunde," fuhr sie eifrig fort, „damit wir nicht den Menschen gleichen, die ihre guten Kleider nur wenigemal im Jahre zu hohen Festtagen anziehen, und sie die übrige Zeit den Motten und dem Staube überlassen!"

Dann hatte sie gelacht und auf den göttlichen Leichtsinn angestossen. Und so verrann Tag um Tag. Endlich aber wollte Minotschka aufbrechen, mit Hartnäckigkeit behauptete sie, dass die betrunkenen Bauern, denen sie zufällig begegneten, ihr jeden Geschmack an Salzburg verdorben hätten, dass sie den Lärm der Holzpantinen vor dem Hotel nicht mehr hören könne, und dass das österreichische Essen ihr einen Magenkatarrh bringen würde. Sie brachte die unsinnigsten Dinge vor, um sich vor sich selbst zu entschuldigen: denn sie wusste, sie floh vor einem Gespenst, das sie doch erreichen würde.

Kaum waren sie in München, als die alte Thatkraft und Energie wieder über Minotschka kam. Sie mietete sich zwei Zimmer in der Giselastrasse und brachte die kleine Schauspielerin am Maximiliansplatz unter; Boris hatte sich draussen in Schwabing eingemietet. Dann hatte Minotschka in verschiedenen Zeitungen Inserate für Pierette aufgegeben und die nötigen Besuche bei den Universitäts-Professoren gemacht. Schon nach vierzehn Tagen hatte Pierette vier Schüler und nach weiteren vierzehn Tagen eine Nachmittags-Stellung in einer Professorenfamilie, so dass sie einstweilen sorgenfrei sein konnte. Minotschka war mit ihrem Schützling nicht allzuviel zusammen; sie vermied die Zusammenkunft, so oft es anging, denn zu der bisherigen Liebe Pierettes war noch die Dankbarkeit hinzugekommen, und die Kleine entwickelte eine solch hartnäckige Leidenschaft, dass Minotschka ernstlich um sie besorgt war. Zu irgend einer Liebelei hatte sie weder Zeit noch Lust, und die grosse gewaltige Liebe zu Marta Kinzey erfüllte noch ihr ganzes Wesen. Diese hatte ihr noch einen langen Brief geschrieben, dem ab und zu eine flüchtige Karte gefolgt war. Dann vergingen wieder drei Wochen, ohne dass die Polin etwas von sich hören liess, und Minotschka hoffte, dass das mit ihrer unerwarteten Ankunft zusammenhängen würde. Abermals kam aber eines Tages ein Brief, Marta schrieb eingehend, wie sehr der Schmerz um den Vater sie angegriffen habe, wie auf ihr, als dem einzigen Kinde, so viel Verantwortung und Lasten ruhen würden, dass sie zwar tüchtige Inspektoren habe, aber trotzdem vor Beendigung der Ernte nicht abreisen könne; zudem fühle sie sich so angegriffen, dass sie nicht glaube, noch in diesem Sommer nach München zu kommen. Vorher ginge sie in ein Nordseebad; sie ziehe dabei Helgoland oder Sylt in Betracht. Minotschka solle doch das Semester kürzen und mit ihr kommen, wenn das aber nicht ginge, dann würden sie sich im nächsten Winter bestimmt in München treffen.

Trotz der herzlichsten Grüsse und der reichen Beteuerung ihrer Sehnsucht fühlte Minotschka ein Gefühl der Enttäuschung und Leere. Dieser Brief der Freundin störte sie ernstlich und verursachte ihr die grösste Unruhe. Sie schalt sich selbst thöricht, sie, die bis dahin jede Sentimentalität gehasst hatte. Aber das böse Gefühl des Zweifels kam immer wieder, so energisch sie sich auch in die Arbeit stürzte. Um mit Pierette nicht viel allein zu sein, hatte sie sich sehr an Boris angeschlossen. Die kleine Schauspielerin fühlte sich sehr wohl in ihrem Berufe, und war zu einem ganz anderen fröhlichen Wesen erblüht. Zum Oktober sollte sie als Erzieherin der Kinder ganz zu der Professorenfamilie übersiedeln. Durch diese Thatsache war über Minotschka ein gewisser Stillstand, eine gewisse Ruhe gekommen; sie fühlte sich der ferneren Verantwortung enthoben. Pierette hatte sich zwar geweigert, ohne weiteres das Angebot der Professorenfamilie anzunehmen. Sie wollte nicht in München bleiben, wenn Minotschka nicht in München bliebe, und sie wollte von der Freundin das Versprechen haben, dass sie diese oft sehen würde. Minotschka versprach es der Kleinen, trotzdem sie ihr ein Opfer damit brachte, wenn sie noch ferner in München bliebe, denn sie hatte den Entschluss gefasst nach Berlin zu gehen, zweifelte sie doch nicht mehr daran, dass Marta Kinzey noch zu ihr kommen würde.

In ihrer unglücklichen Stimmung hatte sie sich verleiten lassen, einem Kegelklub beizutreten; durch Boris hatte sie auch zahlreiche Bekanntschaften unter den Russen gemacht; sie verkehrte auch sehr viel mit einem russischen Ehepaar, Herrn und Frau Tarpolsky, die sie öfters des Abends einluden; an Geselligkeit und Zerstreuung fehlte es nicht. Einmal beim Thee hatte Nadine Tarpolsky das Gespräch auf Tatjana Kassberg gebracht; und so erfuhr Minotschka zu ihrem grössten Erstaunen, dass die Aerztin nach ihrer Flucht aus Genf vier Wochen bei dem Ehepaar in München zugebracht hätte, auch Mischah und die Zahnärztin hätten sich gezeigt, waren jedoch nach zwei Tagen nach Russland vorausgereist. Trotzdem wollten und konnten Tarpolskys nichts Näheres über Tatjana und ihre Flucht sagen. Offenbar misstrauten sie ihr, der Französin, dennoch. Minotschka merkte aus allem die Angst heraus, sich weder durch Worte noch durch Blicke zu verraten, besonders, wenn das Ehepaar noch andere russische Gäste hatte.

Sie unternahm jetzt wieder häufig grosse Radtouren und sie hatte bei dieser Gelegenheit eine kleine Radelgesellschaft kennen gelernt, die aus zwei Baronessen von Blum, einem Kunstmaler, mehreren Malerinnen und einem juristischen Studenten bestand. Es waren dies alles selbständige Frauen, die sich offen zum dritten Geschlecht bekannten. Und mit neuem Eifer behandelte Minotschka mit ihnen ihr Lieblingsthema. Oefters besuchte man auch des Abends den Löwenbräu-Keller, wo die kleine Schar bei dem prächtigen Bier und den Klängen der Musik sehr ernsthafte Gespräche führte. Man war dabei auch auf die Lage der Frauen in Deutschland zu sprechen gekommen, auf ihre Unterdrückung und auf die Hindernisse die man ihrem Wissensdrang entgegen setzt. Nadine, die ebenfalls studiert hatte, berichtete allerlei von ihren Erfahrungen, und schliesslich liess sie sich zu dem Ausspruche verleiten, dass sie eben glaube, dass die deutschen Frauen weniger befähigt seien, einen wissenschaftlichen Beruf zu ergreifen, als jede andere

Frau irgend einer Nation. „Das glaube ich nicht!" hatte sich da Minotschka ereifert, „denn angesichts der heutigen Erfolge und des unermüdlichen Weiterschreitens der Frauen-Fortschrittlerinnen müssen wir voll hochachtungsvollem Erstaunen uns wundern, dass die deutschen Frauen sich eine so hohe Portion Intelligenz durch alle Generationen hindurch aufbewahrt haben, um den schweren Kampf für Wissen und Berufsfreiheit kämpfen zu können. Wir müssen uns wundern, dass sie nicht zu Idioten und geistigen Cretins geworden sind, bei der geistigen Hungerkur, der man sie unterwirft. In diesem Falle ist das Weib trotz scheinbarem Zurückbleiben dem Manne weit voraus, dem kein Mensch hindernd in den Weg tritt, wenn er geistigen Hunger befriedigen will. Das Weib aber steht vor einem Thor, und nur wenige zähe Naturen haben es bis jetzt fertig gebracht, über das hohe Thor zu klettern und jenseits des Hindernisses Stillung ihres geistigen Hungers zu suchen."

„Gewiss," meinte Herr Tarpolsky, „die Frauen sind zähe und intelligent, und ich glaube, dass so mancher Mann, der heute in guter Stelle ist, sich in der Intelligenz mit einem grossen Teile ungebildeter Frauen nicht messen kann, denn nicht die Bildung und das Wissen kennzeichnet allein den Menschen, sondern in erster Linie die Intelligenz. Daher sollte man, ganz gleich ob bei Mann, ob bei Weib, als wichtigste Aufgabe jeden Unterrichts das anerkennen, die Intelligenz zu entwickeln, zu pflegen und zu vergrössern; erst die freie, scharfsinnige Intelligenz führt zu wahrer Erhebung der geistigen Persönlichkeit. Sehen Sie sich doch einmal um in unseren männlichen Kreisen, und Sie werden staunen, wie viele einseitig Gebildete sie finden. Das sind alles Leute, die sich aus Mangel an wahrer Intelligenz festsetzen in kleinliche engherzige Ansichten. Intelligenz aber findet man, wie ich schon betonte, bei beiden Geschlechtern in gleichem Masse, nur ihre Pflege wird heute ganz verschieden gehandhabt!“

„Aber,“ sagte der anwesende fremde Russe, „ich glaube trotz meiner absoluten Gleichstellung des weiblichen mit dem männlichen Geschlechte im Punkte der Intelligenz, dass die Frauen doch in gewisser Beziehung leichtlebiger, weniger zuverlässig und flatterhafter sind. Kennen Sie nicht das schöne russische Sprichwort,“ scherzte er. „Was ist leichter als eine Feder? Der Staub! Und was ist leichter als der Staub! Der Wind! Und was ist leichter als der Wind? Die Frau!?“

„Oho,“ lachte da Minotschka, „Sie vergessen etwas, mein werter Herr, denn nun kommt erst der Zusatz. Und was ist leichter als die Frau? Der Mann!“

Alles lachte. „Das sind ja kleine Spässe,“ sagte der Fremde, „aber ich glaube trotz allem, wie es auch kommen wird: im Leben werden die Frauen doch immer in gewisser Beziehung unter dem Manne stehen bleiben! Das sind nun einmal Naturgesetze, die in der Natur gipfeln; das Weib braucht den Mann und sei es auch nur, um für Nachkommen zu sorgen.“

„Mein Gott ja,“ sagte Dr. Tarpolsky, „das ist ja alles ganz klar und logisch, lieber Freund; aber damit ist noch nicht gesagt, dass jede Frau, wenn sie ein oder mehrere Kinder geboren hat, mit dem Manne auch noch weiterhin in irgend einem geschlechtlichen Verkehr stehen möchte. Gewiss müssen wir normal empfindende Männer und Frauen haben, um die Welt aufrecht zu erhalten; aber damit hat der Staat noch kein Recht, uns allen die Ehe als Pflicht aufzuhalsen!“ „Aber Sie sind doch verheiratet,“ lachte der erste Sprecher. „Doch nur nach unserer Weise,“ sagte Tarpolsky ausweichend.

Und in diesem Augenblicke wusste es Minotschka, dass die beiden durch keine gesetzlichen Bande miteinander verbunden waren.

„Ich bin nicht für die freie Liebe,“ fuhr Tarpolsky fort, „aber ich bin gegen die Ehe, die da zwei Menschen aneinander kettet fürs ganze Leben, ohne zu wissen, ob sie sich auf immer genügen werden, denn das unwahrste Märchen, ist das Märchen der ewigen Liebe! Gesundheitliche und materielle Rücksichten spielen im Menschenleben eine viel zu wichtige Rolle, um eine Sympathie ewig aufrecht zu erhalten. Wohl können noch geistige Banden zwei Menschen fesseln, obwohl lediglich diese auch auf die Dauer keinen festen Halt haben. Denn in der besten Ehe stellt sich eine gewisse geistige Leere, ein seelisches Fremdsein ein, sobald der geschlechtliche Verkehr von Mann und Frau eine gewisse Abnutzung gefunden hat. Man betrachtet und beobachtet sich kritisch, wenn der erste Liebeswahn vorbei ist. Man sieht Eigenschaften und Untugenden an der nicht geliebten Person, die die Liebe in Gleichgültigkeit und Ekel, oder in Hass verwandelten, Eigenschaften, die unser ästhetisches Gefühl aufs tiefste verletzen. An dieser Krisis des Ehelebens scheitert oder befestigt sich die Ehe: entweder das Zusammenleben wird unmöglich und die Möglichkeit muss da sein, den Bund lösen zu können, oder man schliesst eine Art Freundschaft, eine Art Schutz- und Trutzbündnis zu Gunsten des Staates, bleibt beieinander und – – – liebt wo anders!“

„Ja,“ sagte Minotschka, „manchmal kann aber auch die eheliche Freundschaft wertvoll werden und zu einem behaglichen, ruhigen Einerlei führen, das zwar keine himmelstürmende Illusion kennt, aber auch keine verzweifelte Liebeseifersucht! Man passt sich dem andern Teile an, und kommt derart leidlich aus. Gilt doch der Friede in dem Kampf der Ehe schon als eheliche Errungenschaft, ein Beweis dafür, dass die Ehe eine Sturm und Drangperiode ist, deren bester Sieg … Waffenstillstand ist!“

„Mein Gott, ja!“ sagte der Fremde. „Sie haben wohl recht! Denn schliesslich besteht die Liebe nicht in dem ehelichen Gebilde, das man uns vormalt. Schön ist die Liebe nur im Entstehen und im Wachstum! Das erste Stadium der Reife bringt schon Welken, und der Tod der Liebe ist das hässlichste der Sterben.“

Plötzlich schoss Minotschka ein Gedanke durch den Kopf. „Was halten Sie denn von der Treue?“ fragte sie erwartungsvoll.

„Die Treue, die Treue,“ meinte der Sprecher von vorhin, „die Treue ist schliesslich nur ein Begriff! Sie hat zweierlei Seiten: auf der einen ist sie eine gewollte Aeusserung der Person, ein sich selbst Kasteien, das aber sehr harmlos ist; auf der andern ist sie gefährlicher, ein Zwang, ein aufgedrungener Begriff, den man zu entschleiern sich nicht versagen sollte.“

„Also etwas rein Individuelles, Selbstgewolltes und Persönliches?“ fragte Minotschka.

„Gewiss,“ entgegnete er: „das persönlichste aller Gefühle!“

„Und Sie meinen auch, dass man infolgedessen niemanden für seinen Treubruch verantwortlich machen kann?“ fragte sie hartnäckig.

„Nein, gewiss nicht,“ erwiderte er, „das besagte ja schon das, was ich vorhin sagte!“

Man schwieg nachdenklich; und da Minotschka und der fremde Russe, die bis dahin das Hauptgespräch geführt hatten, kaum noch ein Wort miteinander wechselten, brach man bald darauf in unempfundener Verstimmung auf. –

Das Semester ging mehr und mehr seinem Ende zu. Von der Polin hatte Minotschka seit längerer Zeit kein Lebenszeichen erhalten, heute endlich erhielt sie wieder einen Brief, der aber hastig und flüchtig abgefasst war. Marta sprach unendlich viel von Sylt, wo sie jetzt weilte, und von ihrer Umgebung. Ein kranker Offizier, der unglaublich musikalisch sei, kam in allen ihren Sätzen wieder, neben langen Abhandlungen über Musik. Sie gab genaue Details darüber, wie sie diese oder jene Fuge spielte, und wie sie jener Offizier spielte. Von sich selbst und Minotschka sprach sie kaum! Nur am Schlusse folgten einige verzweifelte Liebesbeteuerungen, die trotz aller Schwunghaftigkeit dennoch gemacht schienen. Eine dumpfe Apathie bemächtigte sich Minotschkas; sie fühlte eine Art Verhängnis und sie wusste auch, dass dieses Verhängnis nur mit Marta zusammenhängen konnte. Dieser Brief hatte ihr Misstrauen in jeder Weise bestärkt, und schon jetzt fühlte sie gegen den fremden Offizier ein Gefühl des Hasses! Sie sah in ihm einen Feind, sie erkannte das instinktiv. –

Maria Himmelfahrt bildet für die katholische Münchner Bevölkerung einen wichtigen Feiertag, der auch im öffentlichen Leben anerkannt wird. Die Kollegien fielen aus und da das Wetter herrlich war, hatte Minotschka mit Boris schon am Tage vorher beschlossen, am Feiertage einen grösseren Radausflug zu machen. Es hatte am Vorabende gewittert; die Luft war abgekühlt und wunderbar duftig. Ein zarter Dunst lag über der hochsommerlichen Morgenlandschaft. Die Landstrasse war wie frisch gewaschen. Fröhlich sangen die Vögel im Walde, und über dem allen lag die Sonne versteckt hinter Wolken, zeitweise sichtbar werdend wie ein heimliches Himmelslächeln. Die beiden Radelnden waren beide an Hitze gewöhnt; zudem war die Landstrasse glatt und in vorzüglichem Zustande. Wie von selbst getragen, glitten sie auf ihren Rädern dahin. Sie hatten in einer versteckt liegenden Waldschänke an primitiv gezimmerten Tischen, unter den Tannen gefrühstückt und am Nachmittage auf der Rückkehr an einem kleinen dunklen See ihren Kaffee eingenommen. Als sie wieder in München einfuhren, dämmerte es schon stark; nur undeutlich erkannte man die Türme der Frauenkirche. Boris begleitete Minotschka zu ihrer Wohnung, man wollte nur die Räder einstellen und dann den Abend im Löwenbräugarten verbringen. Minotschka fand zu Hause einige Briefe, die sie noch lesen wollte, gleichgültig hatte sie die ersten zwei durchflogen, als sie plötzlich beim dritten stutzte... Das war die Handschrift der Polin! Sie öffnete den Brief; vier eng beschriebene Seiten sahen ihr entgegen, sie hatte sich dicht an die Lampe gesetzt, um die einige grosse Falter flatterten. Sie las ... Ein merkwürdig gurgelnder Ton drang aus ihrem Inneren, dann drehte sie den gelesenen Brief um und las ihn von neuem. Dabei veränderten sich ihre Züge; und plötzlich liess sie, wie gefühllos, das Papierblatt aus der Hand sinken. Unbeweglich sass sie auf ihrem Stuhle, wie geistesabwesend; dann aber mit einem jähen Aufschrei verbarg sie ihr Gesicht in den Händen und brach in ein wildes, verzweifeltes Schluchzen aus. Boris war vollständig sprachlos; er hatte noch nie einen Menschen in dieser Weise weinen sehen, mit diesem wimmernden, angstvollen, schmerzlichen Ton! Er war auf sie zugesprungen und hatte sie emporgezogen.

„Minotschka Fernandowna!“ schrie er entsetzt. „Was haben Sie?“ Aber sie war wie leblos, als sei ihr Körper zugegen und ihr Geist weit entfernt. Er redete auf sie ein in bittendem, tröstendem und scheltendem Ton; aber sie schien es nicht zu verstehen. Allmählich hörte sie auf zu weinen, der Brief lag zu ihren Füssen auf dem Teppich und sie sah immer nur hinunter auf ihn, wie auf etwas, das sie fascinierte. Boris hatte in seiner Herzensangst ein Glas mit Wein gefüllt und hatte es ihr angeboten. Sie hatte sich aber nicht gerührt; da hatte er es ihr an die Lippen gesetzt, und mechanisch trank sie es leer. Sie sah sich im Zimmer um mit starrem, leeren Blick, wie Hilfe suchend, dann blickte sie zu Boris auf mit einem fremden Ausdruck in den Augen, als müsse sie sich erst besinnen, wo sie sei. Sie stand auf, aber sie taumelte! Boris fing sie in seinen Armen auf; und da legte sie instinktiv ihre Arme um seinen Hals, schwer fiel ihr Kopf auf seine Schulter, er fühlte das konvulsivische, heftige Zucken ihres Körpers.

„Minotschka,“ flehte er immer wieder, „was haben Sie? So sagen Sie mir doch, was Sie quält; ich ängstige mich ja fürchterlich um Sie!“ Nach einer Weile richtete sie sich auf, und mit einem traurigen Versuch zu lächeln sah sie den Freund an. Er erschrak ordentlich über den Ausdruck, sie hatte ein ganz fremdes Gesicht, ganz andere Züge. Und dann tastete sie sich wie im Schwindel zu dem Briefe hin, zerriss ihn langsam in unzählige kleine Stückchen, die sie achtlos auf den Fussboden fallen liess; sie lagen auf dem Teppich wie weisse Schneeflocken. Als sie unbeweglich auf derselben Stelle stehen blieb, reichte ihr Boris noch ein Glas Wein; diesmal nahm sie es und trank es langsam bewusst aus. Plötzlich griff sie zu ihrem Hute und ihren Handschuhen, und sich zu Boris umdrehend, sagte sie nur: „Kommen Sie!“ Er war froh, dass sie aus dem engen Zimmer hinaus konnten, denn er hoffte, dass Minotschka sich durch den Zwang, sich vor den fremden Menschen aufrecht zu erhalten, leichter wieder finden würde. Sie hing sich schwer an seinen Arm und zog ihn mit sich fort. Ohne zu sprechen schleppte sie ihn Strasse ein, Strasse aus. Manchmal kehrten sie im Bogen herum und kamen wieder in dieselbe Strasse hinein, aus der sie gekommen waren. Sie wusste offenbar gar nicht, wo sie war, sie sah nur immer mit grossen, brennenden Augen gerade aus.

„Suchen Sie etwas, Minotschka?“ fragte er nach einer Weile liebevoll. Sie schüttelte nur abweisend den Kopf, und immer weiter ging dieser seltsame Spaziergang, hinein in die winkligen engen Gassen Münchens, in das weniger gute Viertel. Jetzt hörte man Musik klingen; es war eine Variété-Melodie, prickelnd und süss, belebend und lockend. Minotschka lenkte zu dem Lokale hinüber, über dessen Eingangsthüre eine grosse, blutrote Laterne hing. Es war, als zöge diese sie an! „Gehen wir hinein!“ sagte sie befehlend und liess Boris Arm los.

„Aber um Himmels willen, Minotschka!“ flehte er, „da können wir doch nicht hinein gehen! Ich will Sie überall hinführen, wo Sie wollen; aber nur nicht dorthin!“ Aber schon schritt sie allein der Eingangsthüre zu und legte die Hand auf den Thürgriff; Boris beeilte sich, neben ihr zu bleiben.

Das Lokal war ein Chantant allergeringsten Ranges. Im Hintergrunde des kleinen rauchigen Raumes stand ein bühnenartiger Aufbau, auf dem eine Schar frech und phantastisch gekleideter Sängerinnen sass. Vorn an der Rampe stand die eine in einem sehr hochgeschürzten jämmerlichen Kleide und sang mit schreiender Stimme einen Gassenhauer nach jener prickelnden Melodie, die man von draussen gehört hatte. Bei jedem Refrain johlten und tobten die Gäste und sangen die Worte mit. Die Besucher waren nur Herren. Erstaunt hatten sie das ankommende Paar gemustert, aber man sah ihnen die Ausländer an und mochte annehmen, dass sie aus Unkenntnis der Verhältnisse da hinein geraten seien. Die beiden setzten sich in eine einsame Ecke; Minotschka starrte unverwandt nach der Bühne auf die schreiende Sängerin, gleichsam wie in grossem Interesse. Offenbar hörte sie weder den Gesang, noch empfand sie die Zweideutigkeit des Lokales. Lange sassen sie so! Mechanisch und wie im Fieberdurst trank Minotschka das kühle, dunkle Bier. Plötzlich aber sprang sie auf und eilte hinaus an dem erschrockenen Boris vorbei. Dieser zahlte schnell und stürmte ihr nach. Er fand sie draussen auf der Strasse vor dem Lokale: sie hatte sich an die Mauer angelehnt und die Arme gegen das Gesicht gedrückt; wieder erschütterte sie ein wildes, krampfhaftes Schluchzen. Leise zog er sie fort. Er legte ihren Arm in den seinen und führte sie die Strasse hinunter, aber er sprach nichts mit ihr. Ihre Thränen waren wieder versiegt. „Führen Sie mich nach Hause!" sagte sie plötzlich. „Aber schnell, schnell, auf dem nächsten Wege will ich nach Hause kommen!"

Als sie dann vor ihrem Hause angelangt waren, bat Boris sie flehentlich, ihm zu erlauben, mit ihr hinauf zu kommen und bei ihr bleiben zu dürfen. Aber sie wehrte ihn ungeduldig und heftig ab! „Oh, bitte, bitte, Minotschka!" sagte er, „ich kann Sie nicht allein lassen, ich habe solche Angst um Sie!" –

„Gehen Sie," herrschte sie ihn an, und wollte in den Hausflur treten.

„Minotschka,“ bat er, und ergriff ihre Hand. „Minotschka, versprechen Sie mir nur eines! Sie thun sich doch nichts an?“ Da sah sie ihn zum erstenmal wieder mit einem ruhigen Ausdruck des Erkennens an, und ihre Stimme hatte wieder einen Teil der früheren Festigkeit, als sie verächtlich sagte: „Sicherlich nicht!“

Trotzdem konnte sich Boris nicht entschliessen, die Freundin ihrem Schicksal zu überlassen. Angstvoll ging er unter ihren Fenstern auf und ab; aber diese blieben geöffnet und kein Licht zeigte sich in ihrem Zimmer. Wahrscheinlich hatte sich Minotschka müde und erschöpft in ihrem Schmerz angekleidet auf das Bett geworfen und schlief! Erst als der Tag graute, suchte Boris seine Wohnung auf.

Während vier Wochen war Minotschka für niemand zu sehen; selbst ihre intimsten Bekannten wurden von der Hausfrau auf den ausdrücklichen Wunsch ihrer Mieterin hin abgewiesen. Die Studentin liess sich weder an den Vereinsabenden, noch in der Universität sehen; sie kam auch nicht mehr zu Tisch in das gemeinsame Lokal. Selbst diejenigen, die sich in Sorge um sie beobachtend in der Nähe ihres Hauses aufhielten, hatten keine Gelegenheit sie zu treffen. Offenbar verliess sie ihr Zimmer nicht! Es hiess, sie arbeite an einer wissenschaftlichen Abhandlung und könne keinerlei Störung gebrauchen. Und als dann endlich die Getreuen wieder Zutritt zu ihr erhielten, fand man sie auch wirklich vergraben unter Schriften und Stössen alter dickleibiger Folianten. –

Man kannte ihr seltsames Gebaren und liess sie gewähren. Und auch wieder fürchteten sich die Gefährten vor der schroffen Art, mit der Minotschka bei anderen Gelegenheiten jeder teilnehmenden Frage entgegengetreten war.

Eines Abends erschien sie unerwartet im Vereine: sie begrüsste alle, als sei nie etwas vorgefallen. An ihrer Persönlichkeit war auch für das schärfste Auge keine Veränderung zu entdecken; höchstens vielleicht, dass sie noch ein wenig schroffer als sonst auftrat. Als alle beieinander versammelt waren, klopfte sie an ihr Glas, stand auf und sagte mit lauter, klarer Stimme zu den erstaunt Zuhörenden: „Meine lieben Gefährten, ich muss Euch mitteilen, dass unser früheres Mitglied, die Gräfin Kinzey, nicht mehr in unseren Kreis, weder nach Genf, noch nach München oder sonst wohin zurückkehren wird als eine der unseren! Sie hat sich vor sechs Wochen in Leipzig mit einem Offizier verheiratet!"

Eine Weile war es still, dann brach ein Sturm los; teilweise war man erstaunt, entrüstet, verblüfft. Aber so viel man auch von Minotschka weiteres erfahren wollte, sie antwortete auf keine Fragen mehr. Als sie ihre Mitteilung beendet hatte, trafen ihre Augen einen Moment Boris! … Er hatte in diesem Augenblicke jenen Abend begriffen …

Minotschka hatte sich in den Hintergrund des Saales zu einer juristischen Studentin gesetzt, mit der sie scheinbar eifrig und lebhaft die Berliner Wohnungsverhältnisse erörterte. Die Mitteilung über die Gräfin schien sie nur nebenbei gemacht zu haben.

Nur noch einmal in diesem Semester besuchte Minotschka den Vereinsabend. Als die Ferien kamen, war sie allein fortgereist, ohne jemandem zu sagen, wohin, nur der Schauspielerin das Versprechen gebend, nach München wieder zu kommen. Und im nächsten Semester war sie auch nicht geselliger geworden, sodass man allmählich anfing, sie ganz sich selbst zu überlassen. Boris stand zudem vor dem Doktor-Examen, und als er dieses bestanden, reiste er nach der Heimat ab. Er wusste, dass er bei Minotschka nichts zu hoffen hatte, und er schied von ihr in der Ueberzeugung, dass das Leben sie nie wieder zusammenführen würde. –

Zwei Jahre waren vergangen. Der Kreis der einstigen Studiengefährtinnen war in alle Himmelsrichtungen zersprengt. Die Wienerin weilte seit einigen Monaten in Bosnien als Aerztin; Berta Cohn arbeitete in Zürich an ihrer Doktor-Dissertation; und die Schauspielerin hatte eine alte kinderlose Gönnerin gefunden, mit der sie als Gesellschafterin im Süden weilte, und die für ihre Zukunft sorgen wollte. Studentinnen, die aus Russland kamen, erzählten, dass sie Tatjana Kassberg in Petersburg gesehen hatten; sie praktizierte zwar dort nicht, schien aber im Vereinsleben eine sehr bekannte Persönlichkeit zu sein. Sie hatte damals die Absicht, mit ihrem Genfer Freund, dem von dort ausgewiesenen Russen, nach Sibirien zu gehen und sich dort niederzulassen. Von der Polin hatte Minotschka schon seit über einem halben Jahre nichts mehr gehört; sie vermied jedes Gespräch und jede Nachfrage nach Gräfin Kinzey; der wunde Punkt schmerzte noch immer. Sie selbst hatte ihre Kapitalien so gut wie verbraucht, und deswegen eine feste Thätigkeit gesucht. In den Sommermonaten wollte sie die Reise nach Australien antreten, wo sie in Sidney eine internationale Fortbildungsschule übernehmen sollte. Sie wusste, dass sie dann dort ihr Leben beschliessen würde, und sie hatte schon jetzt das Gefühl, als sei ihr Weggang von Europa ein halbes Sterben. Man würde nie wieder etwas von ihr hören, und auch sie würde wohl schwerlich je wieder etwas von den einstigen Bekannten erfahren. Sie kam in andere Verhältnisse, unter andere Menschen, in ein fernes fremdes Land – der unermessliche Ocean trennte sie von allem Bisherigen, von Freud und Leid ihres Lebens! Freiwillig ging sie in ein Exil! In der letzten Zeit überkam sie manchmal eine grenzenlose Mattigkeit und Trostlosigkeit, es dünkte ihr oft der Mühe nicht wert, den Kampf mit dem Leben aufzunehmen für ihr eigenes Ich, für ihr Fortkommen, für die Jahre, viele oder wenige, die sie noch zu leben hatte, in denen sich nichts ereignen konnte, das ihr Besonderes brachte. Sie fühlte sich wie losgelöst von allem Menschlichen, wie ganz allein unter allen Lebewesen, die sie nicht verstanden, wie unbekannt, verloren, vergessen in der Unendlichkeit der Menschheit! Ein Jahr würde so dem andern folgen, immer gleich und immer dasselbe, nur mit der Gewissheit, einem unbekannten Ende, dem Dunkel, dem Unerforschten näher gerückt zu sein!

Und da erwachte ganz jähe die Sehnsucht nach ihrer Heimat in ihr, ein brennendes, wildes Verlangen, die Stätten ihrer herrlichen Kindheits- und Jugendjahre wiederzusehen. Sie hatte eine fürchterliche Eile fortzukommen aus dem kalten München, die sonnigen Apriltage in Paris zu verbringen. Es war eine krankhafte Gier nach dem französischen Boden, der sie überfiel, eine unbändige Angst, ihr Land, ihre Heimat nicht mehr vorzufinden. Alle im Ausland verlebten Jahre kamen ihr jetzt wie qualvolle Marterzeiten vor, sie konnte es nicht begreifen, wie sie jemals hatte froh sein können. Sie erinnerte sich an die gleichgültigsten, nichtssagenden Menschen in der Heimat, und sie freute sich in nagender Unruhe, jedem ein liebes Wort zu sagen! Sie träumte sich so vollkommen hinein in die Vergangenheit und dachte alles so unverändert wiederzufinden, dass es sie gar nicht gewundert haben würde, wenn man sie als kleines Mädchen behandelt haben würde. Ohne Fahrtunterbrechung fuhr sie direkt nach Paris. Sie war in solch heftiger nervöser Erregung, dass sie zwei Tage nichts zu sich nehmen konnte.

Und nun tauchten Lichter am Wege auf, es wurden ihrer mehr und mehr. Ein brausendes, dumpfes Geräusch, wie das Rauschen eines fernen Wasserfalles liess sich vernehmen, – das kräftige Atmen der Riesenstadt! Dann fuhr der Zug im Gebiete der Stadt über die zahllosen Weichen und Gleise, ein Zischen, ein Ruck – man hielt in Paris! Minotschka zitterte an allen Gliedern: sie liess erst ihre Mitfahrenden aussteigen. Dunkle Nebel legten sich vor ihre Augen, mit Not erreichte sie den Perron und Ausgang. Sie fuhr ins erste, beste Hotel. Nur erst wissen, dass sie in Paris war, nur erst Pariser Luft atmen, ihre Muttersprache hören – dann würde sie sich wieder wohl und frisch fühlen! Aber wie irrte sie sich! Das Gefühl der Schwäche nahm zu, mit Mühe und Not würgte sie einige Bissen des ihr gebrachten Essens hinunter, dann sank sie in einen am Fenster stehenden Fauteuil. Ihre Augen sahen unverwandt hinab auf die Strasse, wo die Fussgänger und die Wagen in ununterbrochenem Betrieb vorbeihasteten, aber sie erfassten das grossstädtische Bild nicht mehr.

Als sie wieder erwachte oder wieder zu sich kam, fror sie heftig; es musste sehr spät sein, denn die Strasse war verhältnismässig still. Minotschka taumelte eine Weile, dann entkleidete sie sich ohne Licht zu machen und legte sich zu Bett. Sie hatte eine unklare Vorstellung davon, wo sie war, und sie schlief mit der quälenden Frage ein: „bin ich in Genf, in Bern oder in München?"

Es war spät geworden, als sie am andern Morgen erwachte; sie hatte vergessen ihre Uhr aufzuziehen, aber die Uhr drüben an der Gare du Nord zeigte ihr die Stunde. Sie fühlte sich wohl aber nicht frisch; die alte Unruhe war wieder über sie gekommen, die sie hinaustrieb. Sie trank ein Glas Kaffee und eilte dann hinaus! Paris! Pariser Boden! Ein Gefühl der Rührung überkam sie! Sie schlenderte den Boulevard de Strasbourg hinunter, bog dann rechts ab, die Boulevards entlang gehend; um den Boulevard Haussmann zu erreichen. Sie wollte zu Fuss nach Passy gehen in die heimatliche Strasse! Verwundert sah so mancher nach der burschikos gekleideten Fremden, die im eleganten Paris doppelt auffiel. Aber sie beachtete es nicht! Langsam ging sie weiter und ihre Blicke sogen sich an allem fest und es kam ihr alles so bekannt, so traut vor. Da bog ein Omnibus um die Ecke. „Passy Bonise" wies seine Linie! Das war ihre Strecke, ihr Omnibus, den sie als Kind und als junges Mädchen täglich benutzt, der sie treulich getragen hatte Sommer und Winter. Ihre Augen feuchteten sich. Und ganz plötzlich fand sie das langersehnte Gefühl des Glückes, des Geborgenseins, das Gefühl, dass alle diese Menschen zu ihr gehörten und ihre Sprache sprachen, dass sie zu Hause war, in der Heimat! Ein kindlicher Freudenrausch ergriff sie; sie blieb überall stehen, kaufte hier der Blumenhändlerin ein Sträusschen und dort dem Camelot eine Zeitung ab. Es schien ihr, als kenne sie jeder einzelne von früher her, als wäre jedes höfliche: „merci madame" der Dank, dass sie zurückgekommen.

Sie rief einen Fiaker herbei und befahl dem Kutscher, recht langsam nach Passy zu fahren, an der Seine entlang und dann hinüber zum Eiffelturm. Dort wollte sie frühstücken, sie empfand jähen Hunger. Ueberall um sie herum fröhliche geputzte Menschen, Blumen und Blumen an allen Ecken und Strassen, und dazu der Duft der blühenden Kastanienbäume im warmen Sonnenschein – unvergleichliche Schönheit der Pariser Apriltage! Sie sah hinein in dies Gewühl, das so leicht zum Frohsinn verlockt, und da fiel ihr ein, dass in wenig Wochen der Ocean sie trennte, trennte von diesem Stück Land, ihrer Heimat! Es durchzuckte sie in heissem Weh – und dann richtete sie sich auf und rief plötzlich wie in Erlösung in deutscher Sprache: „Ich gehe nicht nach Sidney, nein, gewiss, ich gehe nicht nach Sidney!" Der Kutscher drehte sich um: „Madame désire?" fragte er. „Oh rien, rien!" lachte sie eifrig. Als fiele ihr ein Alp vom Herzen, als sei ein furchtbares Geschick von ihr gewichen, so atmete sie jetzt auf. „Ich gehe nicht, ich gehe nicht," murmelte sie immer noch, aber diesmal lachend, glücklich, erlöst!

Sie hatte ihr einstiges Elternhaus in der rue de Passy flüchtig besichtigt: ihr blieb ja jetzt so viel Zeit dazu, blieb sie doch zu Hause, in Paris! Sie entlohnte den Kutscher und liess sich zur zweiten Etage des Eiffelturms fahren. Sie fühlte einen jugendlichen Hunger, wie zur Zeit ihrer Collège Jahre! Heimatliches Essen, heimatliches Brot, heimatlicher Wein! Glückberauscht sah sie hinunter auf das gesegnete blühende Land, auf die elegante Riesenstadt mit dem silbernen Gürtel der Seine! Weit hinauf konnte man ihren Lauf verfolgen, deutlich sah man die kleine Insel bei Asnières, und die Ufer hinunter nach Meudon. Ein süsser Duft stieg von unten hinauf, wo man das saftige, erste Frühlingsgras mähte. „O meine Heimat," sagte das junge Weib, „wie konnte ich nur je daran denken, dich für immer zu verlassen!" Sie riss in Begeisterung ihren Strohhut vom Kopf, und der ganze Uebermut ihrer Studentinnenjahre kam über sie, als sie ihn grüssend gegen die Stadt schwenkte und jubelnd rief: „Veni, vidi, vici! Da hast Du mich, behalte mich!" –

Nun war sie schon acht Tage in Paris, ohne dass sie daran gedacht hatte, sich eine Thätigkeit zu suchen. Sie hatte ein grosses Telegramm nach Sidney gesandt, und diesem einen erklärenden Brief folgen lassen. Mochten die dort sehen, wo sie sich eine „französische Vorsteherin mit reichen Sprachkenntnissen" herholten! Sie, Minotschka Fernandoff, blieb in Paris! Tagsüber ging sie spazieren. Sie war überall gewesen, wo sie besonders liebe Plätze hatte, überall an den entzückenden Punkten der Seineufer, in Versailles, in St. Germain. Sie hatte die grosse Wiese und den alten Bauplatz in Passy noch unverändert vorgefunden, ja, die alte Kastanienverkäuferin vor dem Trocadéro erinnerte sich noch ihrer! Und doch waren zehn Jahre vergangen, und sie war heute kein schwärmendes, junges Mädchen mehr, sondern die ernste erfahrene Frau, abgeklärt mit ihren achtundzwanzig Jahren, wie nur geistig arbeitende Frauen es sind. –

Heute galt ihr Besuch dem Père Lachaise. Sie ging den Weg zu Fuss, es war ihr ein Bedürfnis recht viel zu laufen, im Bewusstsein auf Pariser Pflaster zu stehen. An der Place de la République erhandelte sie von einer Frau einen Busch weisser Margueritten. Sie kaufte die Blumen, ohne recht zu wissen, was sie that, nur, weil die Verkäuferin sie ihr anbot. Sie sah hinab auf die grossen, weissen Sternblumen – – – –. Ein Schatten huschte über ihr Gesicht. – – – – Das waren Marta Kinzeys Lieblingsblumen, von denen sie zu jeder Jahreszeit in ihrem Zimmer hatte, von denen sie stets ein Sträuschen im Gürtel trug. Minotschka sah das vornehm stille Gesicht der Polin vor sich – – – –. Sie sah sich im Geist mit der Freundin in Leipzig, auf ihren morgentlichen Spaziergängen im Rosenthal; sie durchlebte noch einmal jene Zeit ihrer ersten Bekanntschaft, wo sie Stunden lang unter dem

Fenster der Vergötterten wartete, ohne den Mut zu finden, zu ihr zu gehen. Und dann kam in den Pfingsttagen jene thüringische Reise, wo ihre Herzen sich fanden, wo sie frei und ungebunden einander ganz gehörten. Welch schöne Zeiten hatten sie in Genf zusammen verbracht, in gemeinsamen Arbeiten und Streben, in ungetrübtem Zusammensein! Und später jener schreckliche Tag, da sie die Heirat der Freundin erfuhr … Minotschka hörte die Variété-Melodie von damals in ihren Ohren, sie sah den langen Boris greifbar deutlich vor sich … Aber nur das nicht, nur nicht an jene Tage erinnert werden, jetzt, wo es galt Fuss zu fassen, abzurechnen mit den thörichten Jugendjahren!

Jetzt stand sie vor dem Eingangsthor in die Totenstadt, planlos bog sie von der Hauptallée in die Seitenwege ein. Sie begegnete kaum hie und da einem Besucher. Bei werdendem Frühling und Sonnenschein haben wenig Menschen Zeit, an die Toten zu denken.

Sie verliess die Hauptstrassen mit ihren Prunkdenkmälern, ihren villenartigen Gebäuden, die die Toten erdrücken, gleichsam als fürchteten sich die Lebenden davor, dass jene zurückkehren könnten. Sie suchte die einfachen ärmeren Gräber auf, die Stätte derjenigen, die mit dem Tode nicht protzen. Hier wucherten überall bunte Blumen in verschwenderischer Fülle, dem düsteren Tod ein lachendes Antlitz gebend. Hier war es friedlich, schön und still. Da bog eine Dame um die Wegkreuzung; unschlüssig stand sie einen Augenblick still, dann ging sie die Strasse geradeaus hinunter, in derselben Richtung wie Minotschka. Die Fremde trug Trauerkleidung, aber eine gewisse fröhliche Trauerkleidung, die alles andere eher zeigt, als Trauer der Gefühle. Und mit einem spöttisch bitteren Empfinden bedachte es Minotschka, dass man in keine Kleidung der Welt so viel pikante Koketterie legen könne, als in eine bestimmte Trauerkleidung. Die vor ihr Schreitende trug ein duftiges, schwarzes Seidencrêpekleid, das sie graziös hochgenommen hatte, und das ein Durcheinander von Spitzen, Rüschen und Volants sehen liess. Der schwarze Jettausputz des Hutes funkelte in der Sonne, und der Sonnenschirm sah aus wie ein grosses Bouquet aus schwarzen Rosen und Spitzen. Das blonde Haar trug die Fremde in dicken Lockensträhnen kurz geschnitten, und – „Marta," murmelte Minotschka unwillkürlich. Alles Blut strömte ihr zu Herzen: das war ja der Gang, die Figur, die Haltung der Gräfin und vor allem, das Haar, das seltene blonde Haar! Eine Sekunde zögerte sie – es war ihr, als müsse sie der Fremden nacheilen, als müsse sie ihr ins Antlitz sehen; dann bog sie entschlossen ab in einen Seitenweg. Litt sie denn heute an Halluzinationen, dass sie überall und in allem die verlorene Freundin sah? Sie hatte sich so lange schon eingelullt in eine scheinbare Vergessenheit und nun erwachte alles wieder zu so unrechter Zeit, jetzt, wo sie ein neues Leben beginnen musste! Warum hatte sie auch die lockenden Margueritten gekauft, die waren schuld an allem, die hatten ihre Gedanken auf die Vergangenheit zurückgelenkt und die Erinnerung erweckt! Seitwärts stand ein verfallenes, schlecht gepflegtes Grab. Eine Unmenge wilder Veilchen wuchert zwischen dem Immergrün und dem hellgrünen Frühlingsgras. Mit einer jähen Bewegung legte Minotschka die Blumen auf das fremde Grab. „Nur Frieden, Frieden," murmelte sie, „es ist besser als Glück!" Lange stand sie unbeweglich vor dem bunten Hügel, mühsam fand sie sich in die Wirklichkeit zurück. Die Luft war voll Wohlgeruch und schwer, ein Klingen und Weben überall, das dem Buhlen Frühling eigen, – die Wolken zogen in schwindelnder Höhe so eilig dahin – und sie selbst war so müde, so müde und wohlig matt!

Sie ging einige Schritte weiter bis zur nächsten Bank. Das Ausruhen that so gut! Da knirschte der Kies, seidene Frauenkleider rauschten – Minotschka sah auf. Da war sie wieder, die Fremde, sie kam auf sie zu ... Und plötzlich, mit einem Aufschrei, sank die schwarz gekleidete Dame vor Minotschka nieder. Sie umklammerte die Regungslose und murmelte wie geistesabwesend, mit unterdrücktem Schluchzen, heiser, tonlos „Minotschka, Minotschka!" Da schüttelte diese das betäubende Gefühl ab, das sie ergriffen, und die vor ihr Knieende an den Schultern zurückreissend, fragte sie heftig: „Marta, Marta, bist Du's wirklich?" Die Gerufene hob den Blick. Eine Welt voll Schmerz und voll Liebe leuchtete Minotschka entgegen. „Wie kommst Du hierher, wie kommst Du nur hierher?" fragte diese zweifelnd. „Und wo, wo ist – Dein Mann?" Sie brachte die Worte mit Mühe heraus, es schien ihr Anstrengung zu kosten, ihre Gedanken zu sammeln. „Aber er ist ja tot," sagte Marta, „tot seit einem halben Jahre! Dort hinten in Davos haben sie ihn begraben! Seitdem irre ich herum, planlos und ziellos! Ich habe die Hoffnung nicht aufgegeben, Dich irgendwo zu finden, trotzdem ich nicht gewagt hätte, Dich aufzusuchen! Milaja Minotschka, willst Du mir vergeben?"

Aber sie erhielt keine Antwort. Mit einem eigentümlich starren Blick sah die Gefragte hinweg über die zahllosen Gräber.

„Höre mich doch, Minotschka," flehte die Polin, „sei doch nicht so apathisch! Sieh', ich habe Dich ja nie vergessen, hier Angesichts der Toten schwöre ich Dir: ich bin meinem Gatten stets nur eine Freundin gewesen!

Was uns zusammenführte, war die Musik! Er wusste alles, und trotzdem wollte er mich nach aussen hin zum Weibe, wollte er in Kameradschaft mein Gefährte sein! O, Minotschka, und wie habe ich trotz seiner Liebe und Güte gelitten, wie fürchterlich rächte mich das Schicksal – an Dir, wenn Du willst! Nein, Frauen unserer Art dürfen nicht heiraten, auch nicht in Freundschaft, das ist gegen jede Natur! Solch eine Ehe ist ein armes, namenloses Verhältnis, eine Fessel, eine Vergewaltigung, ein Frevel, im leichtesten Fall eine entsetzliche Last! O, Du weisst nicht, was ich gelitten habe! Und Du, Du, die Gerechte, die Feste, Du willst jetzt richten? Kannst Du mir nicht vergeben? Kannst Du Vergangenes nicht ruhen lassen?"

Angstvoll drückte sie Minotschkas Hände.

„Ich fürchte mich," sagte diese dumpf, „ich fürchte mich vor einer zweiten Enttäuschung! Ich kann nicht mehr gläubig vertrauen!"

„Aber Geliebte," bat die Polin, „Geliebte, fasse doch Vernunft! Verschanze Dich nicht hinter Deinen Stolz, der Dir alles nimmt! Ist Irren denn nicht menschlich? Und hast Du Dich nicht auch geirrt? Willst Du mich verdammen, wo ich einem Mann nur Freundschaft schenkte? Kann es denn nicht werden wie früher? Sieh', auch Eheleute trennen sich auf lange in trostlosen Irrungen, um dann um so fester zusammen zu halten! Können wir nicht das Gleiche thun? Kannst Du die Vergangenheit nicht überbrücken, kannst Du mir nicht mehr glauben? Komm mit mir nach Warschau; dort in der Nähe liegt mein Gut. Im lachenden Sonnenschein, in den goldenen Kornfeldern führe ich Dich herum! Dort wollen wir uns ergänzen, eines das andere, dort bist Du wieder mein lieber Tyrann und ich Deine gehorsame

Marta. Ich will Dich auf Händen tragen und alles tausendfältig sühnen, was ich Dir im Unwissen gethan! Und im Herbst kommen wir hierher in Deine Heimat zurück, die uns festhalten wird, bis der warme Sonnenschein uns wieder in meine Gegend ruft! Willst Du diesen wechselvollen Flug mit mir machen, willst Du mir gläubig Dein Leben anvertrauen? Minotschka, liebst Du mich noch?" –

Da beugte sich diese zu der Knieenden nieder, und sie zu sich emporziehend, sagte sie nur: „Ich will!"

Und dann gingen sie Arm in Arm der Stadt zu, hinaus in die Seligkeit des Frühlings und ihres Lebens!

Anhang

Ausgewählte Chronologie der Zeit Adelt-Ducs

1867	Geburt von Hedwig Maria Adelt am 1. Mai in Breslau. Eltern: Eduard Ferdinand Wilhelm Adelt und Elise (geb. Duc).
1871	Gründung des Deutschen Kaiserreiches am 18. Januar. Das Elsass wird angegliedert.
1873	Familie Adelt zieht nach Straßburg im Elsass.
1887	Anita Augspurg und Lebensgefährtin Sophia Goudstikker eröffnen in München das Fotostudio „Hofatelier Elvira“, das erste von Frauen in Deutschland gegründete Unternehmen.

1886	Richard von Krafft-Ebings *Psychopathia Sexualis* erscheint.
1889	Heirat mit dem schweizerischen Journalisten Markus Oskar Wettstein am 23. März in Rorschach, Schweiz.
1889	Geburt der Tochter, Maria Marta Aimée, am 21. August in Jena.
1890	Familie Wettstein zieht nach Berlin.
1891	Adelt-Duc veröffentlicht *Des Hauses Tausendkünstler. Ein treuer Rathgeber für den Haushalt.*
1893	Adelt-Ducs *Macht euch frei! Ein Wort an die deutschen Frauen* erscheint.
1893	Adelt-Ducs *3 ½ Monate Fabrik-Arbeiterin* erscheint.
1893-1900	„Berliner Modenkorrespondenz" erscheint, mit Adelt-Duc als Herausgeberin.
1894	Anita Augspurg, Minna Cauer und Marie Stritt gründen den „Bund deutscher Frauenvereine".
1895	Emma Trosse veröffentlicht „Der Konträrsexualismus in Bezug auf Ehe und Frauenfrage", der erste eigenständige Aufsatz einer Autorin zum Thema Homosexualität.

1895-1900	Adelt-Duc ist Gründerin und Chefredakteurin von „Draisena. Blätter für Damenradfahren. Organ zur Pflege und Förderung des Radfahrens der Damen“ (später: „Draisena. Erstes und ältestes Sportblatt der radfahrenden Damen“), erscheint vierzehntägig.
1896	Scheidung von Wettstein. Tochter Marta bleibt beim Vater.
1896	Adelt-Duc beginnt, das Pseudonym „Aimée Duc“ zu verwenden.
1896	„Internationaler Kongress für Frauenwerke und Frauenbestrebungen“, geleitet von Minna Cauer, findet in Berlin statt.
1897	Sexualforscher Magnus Hirschfeld, Verleger Max Spohr und Mitstreiter gründen das „Wissenschaftlich-humanitäre Komitee“ (WhK), die erste Organisation, die sich der Abschaffung antihomosexueller Strafgesetze widmet.
1899	„Jahrbuch für sexuelle Zwischenstufen“ erscheint, veröffentlicht durch das WhK und Hirschfeld.
1900-1909	Erstmalig gewähren deutsche Universitäten Frauen den Zugang zum Studium.

1901	*Sind es Frauen? Roman über das dritte Geschlecht* erscheint.
1901	Zivilehe zwischen Adelt-Duc und dem evangelischen Pastor Theodor Konrad Riebeling am 14. September, in Birmingham, England.
1902	*Ich will! Freier Wille der Frau und die Folge des Durchsetzens des Willens gegen allen gesellschaftlichen Zwang* von Adelt-Duc erscheint.
1903	Adelt-Duc und Riebeling ziehen nach Kairo, Ägypten.
1904	Sexualforscherin Johanna Elberskirchen veröffentlicht *Die Liebe des dritten Geschlechts* und *Was hat der Mann aus Weib, Kind und sich gemacht?*.
1904	Anna Rüling hält ihre Rede „Welches Interesse hat die Frauenbewegung an der Lösung des homosexuellen Problems?“ vor dem Wissenschaftlich-humanitären Komitee.
1904	*Des Pastors Liebe. Ein modernes Sittenbild* von Adelt-Duc erscheint.
ca. 1904	Adelt-Duc gründet die „Asiatisch-Orientalische Industriekorrespondenz“ mit Zweigniederlassungen in Birmingham, London,

	Damaskus, Smyrna, Alexandria, Kairo, Bombay und Calcutta.
ca.1904	Adelt-Duc und Riebeling ziehen nach Indien.
1907-1914	Adelt-Duc schreibt Berichte aus Westasien, Nordafrika, Indien und Südostasien für das Magazin „Photographisches Wochenblatt".
1909	*Südindien und Burma* von Adelt-Duc erscheint (Reiseführer).
1914	*Indische Novellen* von Adelt-Duc erscheint.
1914-1918	Der Erste Weltkrieg findet statt, während Adelt-Duc und Riebeling in Indien leben.
1915	Tochter Marta heiratet in Zürich Robert Blass.
1917	Marta gebiert am 2. Juni einen Sohn, Heinz.
1918	Marta verstirbt am 16. Dezember.
1918-1933	Mit dem Ende des Ersten Weltkriegs und der Kaiserzeit beginnt die Weimarer Republik.
1919	Deutsche Frauen erlangen erstmalig das Wahlrecht.

1919	Hirschfeld gründet das Institut für Sexualwissenschaft.
1926	Adelt-Duc und Riebeling kehren zurück nach Deutschland.
1930	Scheidung von Riebeling; die kirchlichen Unterlagen identifizieren „Aimée Duc“ als Schuldige.
1976	Amazonen Frauenverlag/Verlag Gabriele Meixner bringt *Sind es Frauen?* erneut heraus.

„Studentinnen zum Tee
bei einer Kollegin“ (1907).

Diese zeitgenössische Fotografie, aufgenommen von Augspurgs ehemaliger Lebensgefährtin Sophia Goudstikker, erinnert stark an die gesellige Szene in Minotschkas Wohnung zu Beginn des Romans – ein Gruppenporträt selbstbewusster, rauchender, zum Teil burschikos wirkender junger Frauen.
In: „Die Woche“, 13, 1907, S. 566.

DRAISENA

Erstes und ältestes
Sportblatt der radfahrenden Damen

Gegründet 1895

Druck und Verlag: Ernst Heinrich Meyer, Dresden-A., Hopfgartenstrasse 6
Fernsprecher Amt I, 2741

Redaktion für Deutschland: M. A. Adelt-Duc.

Herausgeber und verantwortlicher Redakteur für Oesterreich-Ungarn: Arnold Berg,
Wien IV/2, Goldeggasse 15 a

Abonnements werden bei allen Buchhandlungen, Zeitungsspediteuren, Postanstalten (Postzeitungskatalog Nr. 2133), sowie bei den Administrationen entgegengenommen. — Abonnementspreis vierteljährlich 1.50 Mk., für Österreich-Ungarn 1 fl. Ausland Mk. 2.50.

Erscheint am 10. und 24. jedes Monats.

Inserate werden nach Tarif berechnet und wird bei Wiederholungen entsprechender Rabatt gewährt.
Preis der viergespaltenen Nonpareillezeile 40 Pfg. = 24 kr.

No. 8 — Dresden-Wien, am 24. April 1899 — 5. Jahrg.

Offizielles Organ
der Damen der
Allg. Radf.-Union, Deutscher Touren-Club,
des Verbandes christlicher Radfahrer Oesterreichs,
des niederöst. Radf.-Verbandes „Ostmark",

des Schutzverbandes deutscher Radfahrer,
des Radfahrer-Schutzverbandes Hannover,
des Schutzverbandes
der Radfahrer von Köln und Umgegend,
sowie von 135 Einzelvereinigungen.

Organ der Damen
des
Bundes deutscher Radfahrer Österreichs.

Frl. Karoline Haubelt, Wien,
Mitglied des Verbandes christlicher Radfahrer Österreichs.

Cover der „Draisena" (1899).

Ein Titelbild der von Adelt-Duc herausgegebenen Zeitschrift über den Damenradsport – eins ihrer vielen feministischen Projekte. In: „Draisena. Erstes und ältestes Sportblatt der radfahrenden Damen", Ausgabe vom 24. April 1899, Titelbild.

Mlle. Pauline, Paris.
Originalaufnahme von J. Beau, Paris.

Porträt in einer Ausgabe der „Draisena“: Mlle. Pauline (1898).

Sportlich-chic und mobil: Der forsche Blick der uns leider unbekannten Mademoiselle Pauline vermittelt der LeserInnenschaft von „Draisena“ einen Eindruck von Abenteuerlust und Unabhängigkeit. Quelle: Österreichische Nationalbibliothek Wien.

Internationaler Frauenkongress für Frauenwerke und Frauenbestrebungen in Berlin.

Der Frauenkongress 1896, den Adelt-Duc womöglich auch besuchte. Drei prominente Vertreterinnen der Frauenbewegung: links, im Profil dargestellt, mit weißem Schal: Marie Stritt; rechts, stehend, mit kurzen Haaren: Anita Augspurg; rechts außen, sitzend, mit Brille: Lina Morgenstern. Quelle: SZ Bildarchiv.

Gruppenfoto von prominenten Frauenrechtlerinnen.

Selbstsicherheit, Gelehrtheit, Frauenfreundschaft, aber auch ein paar gemischte Gefühle strahlen uns aus den Gesichtern dieser Frauen entgegen. Von links: Anita Augspurg, Marie Stritt, Lilly Braun, Minna Cauer, Sophia Goudstikker.
Ca. 1895–1908.
Quelle: SZ Bildarchiv.

Leseempfehlungen

Werke von Minna Wettstein-Adelt/ Mina Adelt-Duc/Aimée Duc

[als Wettstein-Adelt]

Des Hauses Tausendkünstler. Ein treuer Rathgeber für den Haushalt. Berlin: A. Michow, 1891.

3½ Monate Fabrik-Arbeiterin. Berlin: J. Leiser, 1893.

Macht euch frei! Ein Wort an die deutschen Frauen. Berlin: Deutsche Schriftsteller-Genossenschaft, 1893.

(Hrsg.) „Draisena. Blätter für Damenradfahren. Organ zur Pflege und Förderung des Radfahrens der Damen". 1895-1899. [auch unter Adelt-Duc und Duc herausgegeben]

[als Duc]

Sind es Frauen? Roman über das dritte Geschlecht. Berlin: R. Eckstein, 1901.

Ich will! Freier Wille der Frau und die Folge des Durchsetzens des Willens gegen allen gesellschaftlichen Zwang. Berlin: R. Eckstein, 1902.

Des Pastors Liebe. Ein modernes Sittenbild. Zürich: Cäsar Schmidt, 1904.

Die Emmaus-Frage. Auch eine Kritik der reinen Vernunft. Stettin: Herrcke und Lebeling, 1905.

Indische Novellen. Leipzig: G. Müller-Mann'sche Verlagsbuchhandlung, 1914.

[als Adelt-Duc]

Südindien und Burma. Berlin: H. J. Koeppen, 1909.

* * *

Über „Lesbierinnen", das dritte Geschlecht und die deutsche Frauenbewegung der Jahrhundertwende

Anonyma [Emilie Knopf zugeschrieben]: *Der Liebe Lust und Leid der Frau zur Frau.* Stargard: Verlagsbureau für literarische Neuheiten, 1895.

Anonyma: *Noli me tangere. Dunkle Punkte aus dem modernen Frauenleben.* Leipzig: Max Spohr, 1897.

Augspurg, Anita: „Ein typischer Fall der Gegenwart. Ein offener Brief". In: „Die Frauenbewegung: Revue für die Interessen der Frauen" vom 11. November 1905, S. 81-82.

Dauthendey, Elisabeth: *Vom neuen Weibe und seiner Liebe. Ein Buch für reife Geister.* Berlin: Schuster & Loeffler, 1901.

—: „Die Urnische Frage und die Frau". In: „Jahrbuch für sexuelle Zwischenstufen", Bd. 8, 1906, S. 285-300.

Elberskirchen, Johanna: *Was hat Mann aus dem Weib, Kind und sich selbst gemacht? Eine Abrechnung mit dem Mann – Ein Wegweiser in die Zukunft!* Berlin: Magazin-Verlag, 1903.

—: *Die Liebe des dritten Geschlechts. Homosexualität, eine bisexuelle Varietät – keine Entartung, keine Schuld.* Leipzig: Max Spohr, 1904.

Freud, Sigmund: *Drei Abhandlungen zur Sexualtheorie,* Wien: Franz Deuticke, 1905.

Hammer, Wilhelm: *Die Tribadie Berlins.* Berlin und Leipzig: H. Seemann, 1906.

Hirschfeld, Magnus: *Berlins drittes Geschlecht.* Berlin und Leipzig: H. Seemann, 1904.

— (Hrsg.): „Jahrbuch für sexuelle Zwischenstufen", 1899-1933.

Hoffmann, Valeska: *Das vierte Geschlecht.* Barmen: D. B. Wiemann, 1901.

Janitschek, Maria: *Die neue Eva.* Berlin und Leipzig: H. Seemann Nachf., 1902.

Krafft-Ebing, Richard Freiherr von: *Psychopathia Sexualis.* Stuttgart: Ferdinand Enke, 1886.

—: *Über gesunde und kranke Nerven*. Tübingen: Verlag der H. Laupp'schen Buchhandlung, 1885.

Lange, Helene: „Grenzlinien zwischen Mann und Frau". [1897]. In: *Kampfzeiten. Aufsätze und Reden aus vier Jahrzehnten*, Bd. 2., Berlin: Herbig, 1928, S. 197-216.

Marie-Madeleine [Baronin Gertrud von Puttkamer]: *Auf Kypros*. Berlin: Vita, 1900.

Meebold, Alfred: „Dr. Erna Redens Thorheit und Erkenntnis". In: Meebold, Alfred: *Allerhand Volk*. Berlin: Vita, 1900.

Mensch, Ella: *Auf Vorposten. Roman aus meiner Züricher Studienzeit*. Leipzig: Verlag der Frauen-Rundschau, 1903.

—: *Bilderstürmer in der Berliner Frauenbewegung*. Berlin und Leipzig: H. Seemann, 1906.

Moll, Albert: *Die Conträre Sexualempfindung*. Berlin: Fischers Medizinische Buchhandlung, 1891.

Roellig, Ruth: *Berlins lesbische Frauen*. Leipzig: Gebauer, 1928.

Rüling, Anna [Theodora Anna Sprüngli]: „Welches Interesse hat die Frauenbewegung an der Lösung des homosexuellen Problems?" [1904]. In: „Jahrbuch für sexuelle Zwischenstufen unter besonderer Berücksichtigung der Homosexualität", Bd. 7, 1905, S. 130-151.

Schoenflies, Rosalie (Hrsg.): *Der Internationale Kongress für Frauenwerke und Frauenbestrebungen in Berlin, 19. bis 26. September 1896. Eine Sammlung der auf dem Kongress gehaltenen Vorträge und Ansprachen.* Berlin: H. Walther, 1897.

Trosse, Emma: *Der Konträrsexualismus in bezug auf Ehe und Frauenfrage.* Leipzig: Max Spohr, 1895.

—: *Ein Weib? Psychologisch-biographische Studie über eine Konträrsexuelle.* Leipzig: Max Spohr, 1897.

—: *Ist freie Liebe Sittenlosigkeit?* Leipzig: Max Spohr, 1897.

Wedekind, Frank: *Erdgeist.* Paris und Leipzig: Langen, 1895.

—: „Die Büchse der Pandora". In: „Die Insel". München, 1902.

Weirauch, Anna Elisabet: *Der Skorpion.* [Trilogie]. Berlin: Askanischer Verlag, 1919, 1920, 1931.

Winsloe, Christa: *Gestern und Heute* [*Ritter Nérestan*]. Berlin: Georg Marton, 1930.

—: *Das Mädchen Manuela. Der Roman von Mädchen in Uniform.* Leipzig: E. P. Tal & Co., 1933.

— und Friedrich Dammann, Drehbuchautoren. *Mädchen in Uniform.* Regie: Leontine Sagan, Deutsche Film-Gemeinschaft, 1931.

— und Friedrich Dammann, Drehbuchautor. Mit Romy Schneider. *Mädchen in Uniform*. Regie: Géza Radványi, Reg. CCC/Films Modernes, 1958.

Wolzogen, Ernst von: *Das dritte Geschlecht*. Berlin: R. Eckstein, 1899.

—: „Im Frauenklub“. In: Bahr, Hermann (Hrsg.): *Der Roman der Zwölf*. Berlin: K. W. Mecklenburg, 1909.

* * *

Sekundärliteratur für die weitere Recherche

Bei, Neda/Wolfgang Förster/Hanna Hacker/ Manfred Lang (Hrsg.): *Das lila Wien um 1900. Zur Ästhetik der Homosexualitäten*. Wien: Spuren, 1986.

Bollé, Michael (Red.): *Eldorado. Homosexuelle Frauen und Männer in Berlin 1850-1950. Geschichte, Alltag und Kultur*. Hg. v. Verein der Freunde eines schwulen Museums in Berlin. Berlin: Edition Hentrich, 1984.

Beutin, Heidi/Wolfgang Beutin/Holger Malterer (Hrsg.): *Die Frau greift in die Politik. Schriftstellerinnen in Opposition, Revolution und Widerstand*. Bern: Peter Lang, 2010.

Breger, Claudia: „Feminine Masculinities: Scientific and Literary Representations of ‚Female Inversion‘ at the Turn of the Twentieth Century“. In: „Journal of the History of Sexuality“, 1/2 2005, S. 76-106.

Claus, Doris: „Wenn die Freundin ihrer Freundin lila Veilchen schenkt. Zum Selbstverständnis lesbischer Frauen am Anfang des 20. Jahrhunderts“. In: Roebling, Irmgard (Hrsg): *Lulu, Lilith, Mona Lisa … Frauenbilder der Jahrhundertwende*. Pfaffenweiler: Centaurus, 1988, S. 19-31.

Dobler, Jens: „Der Liebe Lust und Leid der Frau zur Frau. Ein wiederentdeckter Lesbenroman von 1895“. In: „Forum Homosexualität und Literatur“, 48, 2006, S. 75-80.

Dünnebier, Anna/Ursula Scheu: *Die Rebellion ist eine Frau. Anita Augspurg und Lida G. Heymann – Das schillerndste Paar der deutschen Frauenbewegung*. Kreuzlingen, München: Hugendubel, 2002.

Faderman, Lillian: *Surpassing the Love of Men. Romantic Friendship and Love between Women from the Renaissance to the Present*. New York: William Morrow & Co., 1981.

Fuechtner, Veronika/ Douglas E. Haynes/Ryan M. Jones (Hrsg.): *Global History of Sexual Science, 1880-1960*. Oakland: University of California Press, 2017.

Göttert, Margit: *Macht und Eros. Frauenbeziehungen und weibliche Kultur um 1900 – eine neue Perspektive auf Helene Lange und Gertrud Bäumer*. Roßdorf: Ulrike Helmer Verlag, 2000.

Hacker, Hanna: *Frauen und Freundinnen. Studien zur „weiblichen Homosexualität“ am Beispiel Österreich 1870-1938*. Weinheim: Beltz, 1987.

—: „Tödlich, Humorvoll. Wien und die Wienerin in der lesbischen Literatur“. In: Bei, Neda et al. (Hrsg): *Das Lila Wien um 1900. Zur Ästhetik der Homosexualitäten*. Wien: Edition Spuren, 1986, S. 21-35.

—: „Zonen des Verbotenen. Die lesbische Codierung von Kriminalität und Feminismus um 1900“. In: Hey, Barbara/Ronald Pallier/Roswith Roth (Hrsg.): *Que(e)r Denken. Weibliche/männliche Homosexualität und Wissenschaft*. Innsbruck, Wien: Studien Verlag, 1997, S. 40-57.

—/Manfred Lang: „Jenseits der Geschlechter, Zwischen Ihnen. Homosexualitäten im Wien der Jahrhundertwende“. In: Bei, Neda et al. (Hrsg.): *Das Lila Wien um 1900. Zur Ästhetik der Homosexualitäten*. Wien: Edition Spuren, 1986, S. 8-20.

Hark, Sabine: „‚Welches Interesse hat die Frauenbewegung an der Lösung des homosexuellen Problems?‘ Zur Sexualpolitik der bürgerlichen Frauenbewegung im Deutschland des Kaiserreichs“. In: „beiträge zur feministischen theorie und praxis“, 25/26, 1989, S.19-27.

Henke, Christiane: *Anita Augspurg*. Hamburg: Rowohlt, 2000.

Herz, Rudolf/Brigitte Bruns (Hrsg.): *Hof-Atelier Elvira 1887-1928. Ästheten, Emanzen, Aristokraten*. München: Fotomuseum im Münchner Stadtmuseum, 1985.

Kokula, Ilse (Hrsg.): *Weibliche Homosexualität um 1900 in zeitgenössischen Dokumenten*. München: Frauenoffensive, 1981.

Leidinger, Christiane: „Anna Rüling: A Problematic Foremother of Lesbian Herstory". In: „Journal of the History of Sexuality", 13, 2004, S. 477-499.

—: *Keine Tochter aus gutem Hause – Johanna Elberskirchen (1864-1943)*. Konstanz: Universitätsverlag Konstanz, 2008.

—: „Transgressionen – Streifzüge durch Leben und Werk von Emma Trosse (1863-1949). Erste Denkerin des Dritten Geschlechts der Homosexuellen und Sinnlichkeitslosen". In: „Invertito. Jahrbuch für die Geschichte der Homosexualitäten", 14. Jahrgang, 2013, S. 9-38.

Lorey, Christoph: „Frauen-Zimmerwelten. Die räumliche Einbindung weiblicher Sexualität in den Romanen *Sind es Frauen* von Aimée Duc und *Das Mädchen Manuela* von Christa Winsloe". In: „Forum Homosexualität und Literatur", 39, 2001, S. 27-44.

Lybeck, Marti M: *Desiring Emancipation: New Women and Homosexuality in Germany, 1890-1933*. Binghamton: SUNY, 2014.

Martin, Biddy: „Extraordinary Homosexuals and the Fear of Being Ordinary". In: „differences", 6.2-3, 1994, S. 100-125.

Mazón, Patricia M: „‚Fräulein Doktor': Literary Images of the First Female University Students in Fin-De-Siecle Germany". In: „Women in German Yearbook", 16, 2001, S. 129-150.

—: *Gender and the Modern Research University: The Admission of Women to German Higher Education, 1865-1914*. Stanford: Stanford UP, 2003.

Meder, Stephan/Andrea Czelk/Arne Duncker (Hrsg.): *Die Rechtsstellung der Frau um 1900. Eine kommentierte Quellensammlung*. Köln: Böhlau, 2010.

Rich, Adrienne: „Compulsory Heterosexuality and Lesbian Existence". In: „Signs", 5. April 1980, S. 631-660.

Richardsen, Ingvild: *Evas Töchter. Münchner Schriftstellerinnen und die moderne Frauenbewegung 1894-1933*. München: Volk Verlag, 2018.

Roebling, Irmgard (Hrsg.). *Lulu, Lilith, Mona Lisa … Frauenbilder der Jahrhundertwende*. Pfaffenweiler: Centaurus-Verlagsgesellschaft, 1989.

Schmersahl, Katrin: *Medizin und Geschlecht. Zur Konstruktion der Kategorie Geschlecht im medizinischen Diskurs des 19. Jahrhunderts*. Opladen: Leske + Budrich, 1998.

—: „‚Sind es Frauen?' Zur Reaktion von Frauen auf antifeministische Topoi". In: Kleinau, Elke et al. (Hrsg): *Denken heißt Grenzen überschreiten. Beiträge aus der sozialhistorischen Frauen- und Geschlechterforschung*. Hamburg: von Bockel Verlag, 1995, S. 181-91.

Schoppmann, Claudia: *Der Skorpion. Frauenliebe in der Weimarer Republik*. Hamburg: FrühlingsErwachen, 1985.

—: „Vom Kaiserreich bis zum Ende des Zweiten Weltkriegs – Eine Einführung“. In: Dennert, Gabriele/Christiane Leidinger/Franziska Rauchut (Hrsg.): *In Bewegung bleiben. 100 Jahre Politik, Kultur und Geschichte von Lesben*. Berlin: Querverlag, 2007, S. 12-16.

Wischermann, Ulla: *Frauenbewegungen und Öffentlichkeiten um 1900. Netzwerke – Gegenöffentlichkeiten – Protestinszenierungen*. Frankfurter feministische Texte, Bd. 4, Königstein: U. Helmer, 2003.

Abbildungsnachweis

Bild 1: „Studentinnen zum Tee bei einer Kollegin“, aufgenommen von Sophia Goudstikker. Aus: „Die deutsche Studentin“, Jenny Springer. In: „Die Woche“, 13, 1907, S. 566.

Bild 2: Titelbild der „Draisena. Erstes und ältestes Sportblatt der radfahrenden Damen“, Ausgabe vom 24. April 1899. In: „Draisena. Erstes und ältestes Sportblatt der radfahrenden Damen“, 34, 26. Oktober 1898, S. 547.

Bild 3: „Mlle. Pauline“ In: „Draisena. Erstes und ältestes Sportblatt der radfahrenden Damen“, 34, 26. Oktober 1898, S. 547. Österreichische Nationalbibliothek Wien [ÖNB Wien: 452.353-D].

Bild 4: Internationaler Frauenkongress 1896. SZ Bildarchiv #00056815. www.sz-photo.de

Bild 5: Gruppenfoto prominenter Frauenrechtlerinnen. Ca. 1895-1908. SZ Bildarchiv #00822455. www.sz-photo.de

Über die Autorin

Aimée Duc (bürg. Hedwig Maria Mina Adelt), geb. 1867, war eine Journalistin, Schriftstellerin und Verlegerin, die unter verschiedensten Pseudonymen schrieb und veröffentlichte. Sie bereiste Teile Europas, des Mittleren Ostens sowie Süd- und Südostasiens und lebte über 20 Jahre in Indien. Bereits um die Jahrhundertwende galt sie als ein Sprachrohr der damaligen Frauenbewegung. Sie schrieb über zentrale feministische Themen und Anliegen wie z.B. das Recht auf Bildung und Berufstätigkeit, die Arbeitsbedingungen von Fabrikarbeiterinnen und die Rechte sexueller Minderheiten. *Sind es Frauen? Roman über das dritte Geschlecht* (1901) ist ihr wohl bekanntestes Werk und sticht als eine deutliche Gegenstimme zu den damals üblichen negativen Darstellungen lesbischer Lebensweisen in der deutschen Literatur heraus. Als einer der ersten lesbischen Romane der Welt verknüpft *Sind es Frauen?* eine glückliche Liebesgeschichte zwischen zwei Frauen mit zeitgenössischen Debatten der Sexualwissenschaft.

Über die Herausgeberinnen

Margaret Sönser Breen ist Professorin für Englische Literatur, Vergleichende Literaturwissenschaft und Frauen- und Geschlechterforschung an der Universität Connecticut, wo sie sich mit LGBTQIA-Literatur sowie feministischer und Queer-Theorie befasst.

Nisha Kommattam ist Professorin für Vergleichende Literaturwissenschaft an der University of Chicago. Von 2017 bis 2020 leitete sie ein vom Bundesministerium für Bildung und Forschung gefördertes Forschungsprojekt am Institut für Südasien- und Südostasien-Studien der Universität zu Köln.

Ein Roman nach einer wahren Begebenheit in Hannover der 20er Jahre

Dorit David
Unter ihren Augen
Roman

Broschiert, 18 €
ISBN: 978-3-89656-285-2

1922 – Zeit des Aufbruchs. Begeistert befreit sich auch die 16-jährige Lieselotte von alten, moralischen Verkrustungen. Die Sterne stehen günstig in der jungen Weimarer Republik; Lottes einziger Traum ist das Turnen und Tanzen! Dass die junge Frau jahrelang ihre Sexualität verdrängt, bemerken alle, nur Lotte selbst nicht, und dass ihre Lehrerin, Berta Habenicht, in einer lesbischen Beziehung lebt, führt sie beide in einen gefährlichen Strudel aus Konkurrenz, Verleumdung und Verrat. Nicht ungefährlich in einer Zeit des Übergangs zur Diktatur.

WWW.QUERVERLAG.DE